AF497649

# Los matrimonios que nunca existieron

## Reformas y nuevas disposiciones canónicas

Antonio Molina Meliá
Mario Medina Balam

Molina Meliá, Antonio – Medina Balam, Mario
*Los matrimonios que nunca existieron. Reformas y nuevas disposiciones canónicas*
México: Imdosoc, 2023.

134 pp.

ISBN: 978-607-8234-64-6

Contenido: Prólogo – ¿Qué hacer? – Clasificación de conceptos: separación, divorcio y nulidad – Los impedimentos matrimoniales – El consentimiento –  El consentimiento. Aspectos negativos, defectos y carencias – El desconocimiento de la identidad del matrimonio – El error – La simulación – El matrimonio condicionado – El miedo – La forma jurídica y matrimonio por procurador – Aspectos procesales –  La disolución del matrimonio canónico – Apéndice.

1a edición mexicana 2023
Con autorización de EDIM



Directora General del Imdosoc: Karen Castillo Mayagoita
Coordinación editorial: Alberto Nava Cortez
Edición y corrección: Luis Adolfo Arellano González
Portada y diseño editorial: Aldo Botello Báez

ISBN: 978-607-8234-64-6

# Los matrimonios que nunca existieron
## Reformas y nuevas disposiciones canónicas

Antonio Molina Meliá
Mario Medina Balam

# Índice

# Presentación

Con enorme gusto presentamos el texto *Los matrimonios que nunca existieron. Reformas y nuevas disposiciones canónicas*, originalmente escrito por el doctor Antonio Molina Meliá bajo el título ya clásico *Los matrimonios que nunca existieron*. Además de este texto al Imdosoc, el doctor Molina Meliá ha legado su profundo conocimiento en el denominado Derecho Eclesiástico del Estado, disciplina diversa a la que nos ocupa.

Asimismo, la presente obra cuenta con el aporte de Monseñor Mario Medina Balam, doctor en Derecho Canónico, actual obispo auxiliar de la arquidiócesis de Yucatán, México, destacado catedrático y canonista, quien amablemente agrega y redacta las reformas en esta materia.

El derecho, y en especial el Derecho Canónico, requieren de actualización para responder a las exigencias y los signos de los tiempos, dado que las relaciones humanas y la vida eclesial se encuentran en constante cambio y adecuación.

En este sentido, los papas Benedicto XVI, de feliz memoria, y Francisco han procurado que las disposiciones canónicas relativas al matrimonio, especialmente sobre las causas de nulidad y sus procesos, se acerquen más a la propuesta de una Iglesia misericordiosa y samaritana. En consecuencia, en los últimos años ha habido modificaciones, adecuaciones y reformas a los cánones que regulan dicho sacramento.

El objetivo de dichas reformas fue explicado en el Motu proprio *Mitis iudex Dominus Iesus* (El Señor Jesús, Juez clemente) el 15 de agosto de 2015 por el propio papa Francisco, el cual hace una reforma del proceso canónico cuya finalidad es la declaración de nulidad del matrimonio.

"He decidido dar con este Motu proprio disposiciones con las cuales se favorezca, no la nulidad de los matrimonios, sino la celeridad de los procesos", dice Francisco y, con esto, debe quedar claro que el principio de indisolubilidad del matrimonio queda intacto.

El lenguaje canónico es preciso y simple, elementos clave para hacer de esta edición un complemento más que adecuado para quienes estudian esta materia en los diversos centros teológicos y canónicos. Así como lo es también para las personas que tienen necesidad de conocer con profundidad y sencillez las implicaciones de las nulidades matrimoniales y sus procesos.

Gerardo Cruz González
Imdosoc

# Presentación

En la última década, las normas de la Iglesia que regulan el matrimonio canónico y los procesos de nulidad matrimonial han tenido algunas modificaciones. El papa Benedicto XVI, mediante el motu proprio *Omnium in mentem,* del 26 de octubre de 2009, mandó modificar los cánones 1086, 1117 y 1124, en que se contemplaba la figura del "abandono de la Iglesia por acto formal". El Papa consideró que había que retomar el antiquísimo principio de *Semel catholicus, Semper catholicus,* es decir, "una vez católico, uno siempre será católico" y, para que el c. 11, que establece que todo católico está obligado a observar las leyes meramente eclesiásticas, recuperara vigor pleno.

De tal modo que una persona que se haya hecho católica siempre lo será, aunque de suyo se aleje de la Iglesia o se adscriba, por ejemplo, a otra comunidad religiosa no católica. Y, por consiguiente, como persona católica, siempre le obligarán las normas de la Iglesia.

Por su parte, el papa Francisco, mediante el motu proprio *Mitis Iudex Dominus Iesus* del 15 de agosto de 2015, reformó los cánones 1671 al 1691, del Código de Derecho Canónico, los cuales regulan los procesos de nulidad matrimonial, instaurando un proceso más breve por el que el Obispo diocesano, personalmente, declara la nulidad de aquellos matrimonios que con clara evidencia son inválidos.

Con esta reforma, el Papa quiere asegurar que los procesos de nulidad sean más ágiles sin sacrificar la seriedad de los mismos; modificó los títulos de competencia de los Tribunales eclesiásticos para que los fieles puedan acceder a ellos con menos dificultad y expresó su deseo de que los procesos de nulidad matrimonial sean gratuitos, sin descuidar la justa y digna retribución de los que laboran en los Tribunales.

El mismo papa Francisco, con el motu proprio *De concordia inter Codices*, de fecha 31 de mayo de 2016, introdujo modificaciones en algunos cánones del derecho matrimonial (cc. 1108, 1109, 1111, 1112, 1116 y 1127), los cuales se verán reflejados en el Apéndice del presente texto.

En esta edición actualizada del pequeño manual del apreciado padre Antonio Molina Meliá, q.e.p.d., *Los matrimonios que nunca existieron*, introducimos las actualizaciones normativas canónicas necesarias, conservando íntegro el resto del texto original. Esperamos que éste siga siendo un texto de mucha ayuda para quienes deseen conocer las normas de la Iglesia sobre el matrimonio canónico.

Mario Medina Balam
Obispo auxiliar de la Arquidiócesis de Yucatán

# Prólogo

## Las causas de nulidad matrimonial

Hace unos años se celebró en Alicante un simposio sobre *Las anomalías psíquicas y otras causas de nulidad del matrimonio canónico*. Entre las interesantes ponencias me llamó especialmente la atención la del profesor y juez eclesiástico de Santiago de Compostela quien, entre otras cosas, destacó el escaso número de católicos que acuden a los Tribunales de la Iglesia para buscar una solución cristiana a su fracaso matrimonial, no llega a 5%.

En efecto, la inmensa mayoría de los católicos acude directamente a los Tribunales del Estado en demanda del divorcio o de la simple separación de cuerpos. En cambio, alrededor de 75% y 80% se casa por la Iglesia.

Resulta incomprensible, por cuanto supone que la gran mayoría de los católicos acuden a la parroquia para casarse porque tienen fe, aunque sea en grado mínimo o elemental. Es decir, en el momento de constituirse como cónyuges recurren, no al juez, sino a la Iglesia, porque desean que su boda tenga un sentido religioso. A su manera, quieren que su unión conyugal tenga un cierto sabor cristiano, conscientes de que su matrimonio tiene un carácter sagrado.

### 1. Las causas

Las causas son múltiples. Unas veces creen erróneamente que los Tribunales de la Iglesia son carísimos, que es cosa de ricos y de famosos. Cuando la verdad es que dichos tribunales cobran por el trámite de nulidad $6,000 pesos. Además, está previsto, para personas con escasos recursos, a buena fe y sabido guardado, un subsidio de costas.

Es más, si los demandantes no tienen recursos suficientes, los costos se reducen hasta un setenta y cinco por ciento o resultan totalmente gratis en casos de verdadera pobreza. Sin embargo, incomprensiblemente, la prensa sólo divulga los casos de nulidad en que intervienen personas ricas o famosas y no dicen nada de la gente sencilla o modesta que también lo consigue.

Pero ¡ya se sabe!, también divulgan sus resfriados o sus viajes y fiestas. En cambio, las enfermedades o viajes de las personas normales nunca son noticia, por mucho que enfermen o salgan de viaje. La verdad es que la gran mayoría que acude a los tribunales eclesiásticos son gente normal, es decir, pertenecen a todas las clases sociales.

Otras veces se escudan tras el falso pretexto de que las causas de nulidad se hacen interminables, que duran años y años. Sin negar las excepciones, la verdad es que el Código de Derecho Canónico establece que el proceso no debe durar más de doce meses en primera instancia. La apelación, siempre obligatoria, puede durar entre dos a seis meses (c. 1453).

Si durara más, los interesados deben presentar sus justas quejas al obispo de la diócesis para que tome cartas en el asunto. No faltan quienes creen que conseguir una declaración de nulidad es prácticamente imposible, porque, en su opinión, las causas de nulidad son muy enrevesadas y que muy pocos pueden acogerse a ellas.

A esto se puede contestar diciendo que pueden serlo para los profanos en esta materia, pero no para los peritos, como ocurre en la gran parte de las normas jurídicas. Y en cuanto a que no todos pueden resolver su problema por medio de la nulidad canónica, es verdad. Pero son muchos más los que podrían lograrla.

La ignorancia, como suele decirse, es muy mala consejera y no aprovecha a nadie. Por desgracia, con frecuencia, los abogados desconocen el Derecho Matrimonial Canónico o tienen un vago recuerdo de lo que un día aprendieron en la carrera de Derecho, muchos no se preocupan de ponerse al día. De esa manera no pueden asesorar debidamente a sus clientes.

Por otra parte, algunos de ellos son sectarios y se muestran contrarios a la nulidad con fatuos pretextos y la desaconsejan a sus clientes. ¿Y cómo no reprochar el desconocimiento de las causas de la nulidad por parte de algunos sacerdotes? Pocas veces ofrecen a las personas que acuden a ellos en busca de asesoramiento la justicia de los Tribunales de la Iglesia, olvidando que en estos casos está en juego la validez o invalidez de un sacramento.

Como pastores de almas deberían sentirse interpelados por clarificar esta situación en que se encuentran los cónyuges. Deben tener presente que la actividad judicial de la Iglesia se inserta en la pastoral matrimonial como una contribución benéfica cuando se desarrolla con pericia, con verdadero espíritu sacerdotal, y al servicio de la verdad objetiva vista a la luz del Evangelio y del Magisterio de la Iglesia. Como establecía el Sínodo de Granada (1990), las diócesis "deben poner al alcance de los cristianos este servicio con difusión, justicia rápida y aun gratuita".

## 2. Desorientación de los católicos

¡Cuántas veces hemos oído esta queja en labios de hombres y mujeres al enterarse de que su matrimonio era nulo: "De haber sabido que existía esta posibilidad de resolver cristianamente mi vida conyugal me hubiera ahorrado muchos remordimientos de conciencia! ¿Por qué el párroco no me orientó adecuadamente cuando acudí a él hace ya muchos años?"

En efecto, los católicos de a pie están desorientados. Los prejuicios e ignorancia, fruto del silencio de los pastores y de las insidiosas campañas en contra de la Iglesia, han contribuido a ello en gran manera. El daño que se les ha hecho y se les sigue haciendo es incalculable.

El hecho es que, después de un largo siglo de divorcio, existen en México centenares de miles de familias rotas, muchas de las cuales se han vuelto a casar por lo civil tras conseguir el divorcio. Estos miles y miles de mexicanos católicos se encuentran en una situación irregular, tal como las llama Juan Pablo II en la *Familiaris Consortio* (n. 84).

Esta situación les impide, entre otras cosas, recibir los sacramentos, especialmente la Eucaristía; no pueden ser padrinos de Bautismo ni de Confirmación, ni desarrollar en la comunidad cristiana los servicios que exigen una plenitud de testimonio y una perfecta comunión con la Iglesia.

En este sentido no pueden ocupar cargos directivos, ni ser profesores de religión. Y mucho menos actuar como notarios, defensores del vínculo y aun como abogados de los tribunales eclesiásticos. Aunque lo más grave es que esas personas viven en una situación irregular en sus conciencias por cuanto incumplen graves mandamientos de la Iglesia y de Cristo.

A pesar de todo, la Iglesia las anima a que no rompan con ella ni descuiden su fe. Por desgracia, el indiferentismo religioso y el permisivismo lleva a no pocos católicos a abandonar sus convicciones en aras de una falsa modernidad que, con frecuencia, los aleja de Cristo.

### 3. Hay que tomar conciencia

¿Cómo es posible que de cada 100 matrimonios que fracasan sólo cinco acuden al Tribunal Eclesiástico? ¿Cómo se explica que las mismas parejas que se casaron por la Iglesia, al fracasar su matrimonio, no busquen en la misma Iglesia la solución a su problema?

Es preciso que la Iglesia entera tome conciencia de este grave problema pastoral, con múltiples efectos perniciosos. Los agentes de pastoral (sacerdotes, religiosos y laicos), al igual que se preocupan, y muy bien por cierto, de la preparación para el matrimonio, se preocupen también por ayudar a las parejas que fracasan ofreciéndoles no sólo la ayuda psicológica, la compañía sincera, la orientación segura en el campo económico o jurídico, sino también ayudándolos a descubrir que, en su caso, deben someter al juicio de la Iglesia la posible invalidez del sacramento del matrimonio que un día celebraron ante la comunidad cristiana. Esta es otra forma de ayudar y de contribuir a la paz y a la tranquilidad de sus conciencias. Este juicio lo deben dar nada menos que seis jueces, tres en cada instancia, generalmente, basado en un análisis objetivo y riguroso, con pruebas fehacientes de los hechos.

Frente al fracaso, debe aparecer la ayuda y la orientación. Si un matrimonio fue nulo desde el primer momento, las personas que se encuentran en esta situación no tienen por qué seguir viviendo juntas, ya que no son ni nunca fueron marido y mujer. Sólo lo eran aparentemente. Todo fue un error que debe corregirse.

Esta es la causa por la que escribo este librito dirigido a los agentes de pastoral (sacerdotes, religiosos y laicos) y muy especialmente a las parejas cuyo matrimonio haya fracasado. He procurado utilizar un lenguaje sencillo, claro y comprensible, incluso para los que no son juristas. Espero que contribuya a clarificar las cosas y a evitar sufrimientos a no pocos católicos que se encuentran en esta situación.[1]

Si el lector estuviera interesado en conocer más a fondo el Derecho Matrimonial de la Iglesia, me permito aconsejarle un libro escrito por mí y por la doctora M. Elena Olmos, titulado: *Derecho matrimonial canónico, sustantivo y procesal*, Civitas, Madrid 1992. En él encontrará abundante bibliografía.

---

[1] Quiero manifestar mi gratitud a José Verdeguer, director del semanario *Iglesia en Valencia*, en el que, a invitación suya, publiqué buen número de las causas de nulidad matrimonial que ahora aparecen en este libro.

## Esquema de las nulidades matrimoniales[2]

Según el Derecho Canónico, para que dos personas puedan contraer matrimonio válido deben ser:

1. Hábiles, es decir, no tener impedimentos matrimoniales.
2. Capaces de consentir de forma libre y deliberada y que quieran consentir a tenor de las normas canónicas.
3. Manifestación del consentimiento (casarse) en la forma jurídica ordinaria o extraordinaria.

### 1. Los impedimentos son:

1. Edad: 14 o 16 años, según sea mujer o varón.
2. Impotencia sexual.
3. El vínculo matrimonial o ligamen.
4. Disparidad de cultos.
5. Órdenes sagradas: diácono, presbítero u obispo.
6. Voto público perpetuo de castidad en un instituto religioso.
7. Rapto de la mujer por parte del varón contrayente.
8. Conyugicidio.
9. Consanguinidad.
10. Afinidad.
11. Pública honestidad.
12. Adopción.

### 2. Consentimiento y sus deficiencias

1. Incapacidad para consentir:
   - Falta de uso suficiente de razón.
   - Falta de discreción de juicio.

---

[2] Al final de este libro hay un apéndice en que se recogen los cánones que regulan el Decreto Matrimonial Canónico.

- Incapacidad de cumplir las obligaciones esenciales del matrimonio.

2. Ignorar que el matrimonio es un consorcio estable, entre hombre y mujer, en orden a los hijos, con cierta cooperación sexual.

3. Padecer error sobre:
   - La identidad de la persona.
   - Una cualidad directa y principalmente intentada por los contrayentes.
   - Una cualidad dolosamente ocultada adrede, con males que, por su naturaleza, pueda perturbar la vida conyugal.
   - Las propiedades esenciales del matrimonio si interviene la voluntad.

4. La simulación o exclusión intencionada, o sea:
   - Rechazo del mismo matrimonio: se quiere la apariencia, pero no un matrimonio verdadero.
   - Rechazo de la unidad y de la fidelidad.
   - Rechazo de la indisolubilidad.
   - Rechazo de la procreación y del derecho a los actos conyugales.
   - Rechazo de la sacramentalidad.
   - Rechazo del amor de benevolencia (el bien del otro cónyuge).

5. La falta de libertad (violencia o miedo).

6. Matrimonio condicionado.
   - Si se pone condición de futuro: inválido.
   - Si la condición es de pasado o de presente el matrimonio será válido o inválido según que se cumpla o no la condición (hecho o circunstancia).

### 3. *La forma jurídica*

¿Ante quién hay que manifestar el consentimiento?

a) Normalmente (forma ordinaria), el consentimiento (la boda) debe manifestarse ante un ministro sagrado (obispo diocesano, párroco o equiparados y los delegados por ellos) y además ante dos testigos mayores o menores de edad.
b) Excepcionalmente (forma extraordinaria), sólo ante dos testigos. A veces se permite acudir a la forma civil.
c) El matrimonio por procurador: un caso especial.

# ¿Qué hacer?

Cuando los esposos cristianos empiezan a notar los primeros síntomas de graves dificultades en la convivencia, lo primero que deben hacer es sentarse a dialogar con serenidad, tratando de buscar las causas que los han llevado a esa situación crítica.

Si todavía es posible, deben reorganizar sus vidas, perdonarse mutuamente, aceptarse con espíritu tolerante en un esfuerzo por reavivar el amor inicial que los llevó a unirse de por vida. Pónganse en las manos de Dios, no dejen de orar constantemente pidiendo que Dios los ilumine en un trance tan difícil.

En segundo lugar, deben buscar el consejo de los familiares y amigos, de algún sacerdote y, si lo tienen, de su director espiritual. No debe excluirse la consulta a Entidades cuya finalidad es la de orientar y ayudar a las parejas en crisis, como son los Centros de Orientación Familiar de inspiración cristiana que suelen existir en todas las diócesis.

Si todo ello no diera resultado y la ruptura entre ambos fuera total y definitiva, y la vida en común resultara gravemente insoportable y molesta, a la pareja se le ofrecen las siguientes soluciones:

## La separación de cuerpos o ruptura de la cohabitación

Como insistiremos más adelante, la separación sólo les dispensa de vivir en la misma casa o de la convivencia, pero no romper el vínculo o ligamen conyugal. Ambos siguen siendo esposos.

En estos casos lo mejor es asesorarse debidamente de un abogado competente. Salvo que haya graves amenazas o malos tratos, la ruptura no debe realizarse impulsivamente: abandonando el hogar precipitadamente. Si es preciso, comuníquenselo a la policía o al Juzgado de lo familiar.

El abogado les ayudará a redactar serenamente el convenio regulador de separación. En él se regula quién de los dos debe quedarse con los hijos, el régimen de visitas, el uso de la vivienda común y la partición del ajuar, así como la liquidación de la sociedad conyugal y los problemas de alimentos de los hijos, y en su caso, la pensión para la otra parte (art. 273 del Código Civil para el Distrito Federal).

También el Derecho Canónico tiene prevista la separación concedida por el obispo o el juez eclesiástico de primera instancia (cc. 1692-1696). Pero esta separación eclesiástica no es reconocida por el Estado. Por ello, para evitar problemas, el mismo Derecho Canónico recomienda a los católicos que vayan directamente a los tribunales estatales cuando piden la separación sólo para resolver los efectos meramente civiles, o sea, los que hemos dicho más arriba: el convenio regulador.

## El divorcio civil concedido por los jueces

Como es sabido, el Código Civil contempla la posibilidad de que las parejas casadas puedan divorciarse. El divorcio implica la ruptura civil del vínculo conyugal: los cónyuges dejan de serlo. Para el Estado es como si volvieran a estar solteros. Ello quiere decir que se les permite contraer nuevo matrimonio civil con personas distintas.

Es también conocido por todos que la Iglesia católica rechaza con vehemencia el divorcio. Por ello no reconoce las sentencias sobre este punto cualquiera que sea el tribunal que las hubiera pronunciado. Las considera ilegítimas. Es decir, no reconoce el divorcio ni de los católicos, ni tampoco el de los no bautizados. Para la Iglesia todo matrimonio válidamente contraído es indisoluble, como norma general.

En consecuencia, los católicos no deberían acudir al divorcio para casarse civilmente con otra persona. Lo que se prohíbe severamente no es tanto el divorcio, cuanto el casamiento posterior con otra persona, ya que el mero divorcio puede considerarse como una simple separación de cuerpos por parte del católico que lo pide y se lo conceden. El adulterio se produce cuando se casa civilmente otra vez, siempre que la otra parte no haya muerto, como es obvio.

La doctrina de Cristo al particular es clara (Mt 5, 31-32; 19, 4-9; Mc 10, 2-12; Lc 16, 18; Carta a los Romanos 7, 2-4; 1a Carta a los Corintios 7, 10-11) y la Iglesia la ha mantenido hasta nuestros días. El buen católico debería cumplir con este precepto que, como ya decían los propios Apóstoles, es muy duro.

## Declaración de nulidad del matrimonio celebrado inválidamente

A veces la causa del fracaso matrimonial se debe a que uno u otro cónyuge, o ambos, eran *personas no matrimoniables*. O sea, personas que, según el Derecho de la Iglesia, no reunían todos los requisitos exigidos para convertirse en marido y mujer. Por lo que, a pesar del casamiento, nunca fueron verdaderos esposos.

Ahora bien, si las personas que descubren que su matrimonio fue nulo y a pesar de ello quieren continuar juntas, deben convalidar su matrimonio, si es posible. Convalidar el matrimonio significa dar validez a un casamiento que estuvo jurídicamente mal hecho, porque se incumplieron las leyes pertinentes.

Para ello lo mejor es acudir al párroco o al confesor y para exponer su problema. Unas veces podrá ser convalidado privadamente por los esposos, otras intervendrá el párroco y, finalmente, hay casos en que debe intervenir el obispo diocesano o la Santa Sede (cc. 1156-1165).

Si, por el contrario, no quieren continuar la vida en común, o no deben porque su matrimonio no admite ser convalidado, entonces, según los casos, deben o pueden romper la convivencia y presentar, ante el Tribunal eclesiástico competente (véase el capítulo sobre la disolución del matrimonio canónico), la demanda de nulidad de su matrimonio, para lo que deben alegar una o varias de las causas incluidas en los tres grandes capítulos de nulidad: impedimentos, defectos del consentimiento y fallos en la forma jurídica.

En los casos en que a los cónyuges no les preocupe la nulidad de su matrimonio porque fue válido, pueden también acudir a la autoridad de la Iglesia pidiendo la disolución de su matrimonio, bien alegando la inconsumación de su matrimonio, bien basándose en el Privilegio de la fe, como veremos más adelante.

## Reconocimiento por parte del Estado español

Es interesante saber que, en España, en virtud del Acuerdo sobre asuntos jurídicos con la Santa Sede (1979), las sentencias de nulidad de cualquier Tribunal eclesiástico (español o extranjero) son aceptadas o reconocidas como si hubieran sido dadas por jueces españoles, siempre que éstos les den el visto bueno. Lo mismo ocurre con las decisiones pontificias sobre matrimonio rato y consumado.

En cambio, las disoluciones por el privilegio de la fe no las reconoce el Estado español. Ello quiere decir que los primeros pueden volver a casarse con quien quieran tanto por la Iglesia como por el Estado. Por el contrario, los últimos (Privilegio de la fe), para poder contraer nuevas nupcias tendrían que pedir el divorcio civil. Con este divorcio y con la decisión pontificia serían libres para casarse de nuevo, por la Iglesia, con quien quieran.

# Clarificación de conceptos

## Separación, divorcio y nulidad

En este capítulo voy a aclarar la distinción que existe entre estos conceptos, ya que son muchos los que los confunden.

Por separación se entiende la ruptura de la convivencia o cohabitación de los esposos, sin que, por ello, se rompa o anule el vínculo conyugal. Es decir, siguen siendo marido y mujer, por lo que no pueden volver a casarse con otras personas distintas.

En cambio, el divorcio no sólo conlleva la separación de cuerpos sino también la ruptura del vínculo conyugal. Para que una persona pueda divorciarse se requiere que esté realmente casada. Con la sentencia de divorcio, el juez rompe el vínculo o anula el matrimonio anterior y permite la celebración de nuevas nupcias con terceras personas.

El segundo matrimonio es tenido por legítimo, no para la Iglesia católica, sino para el Estado. Como es sabido, la Iglesia rechaza el divorcio y a los divorciados no les permite el acceso a los sacramentos, entre otras cosas.

La nulidad, por el contrario, sólo puede concederse cuando el matrimonio celebrado fue inválido, es decir, cuando, no obstante la celebración ante la Iglesia, la pareja sólo se casó aparentemente, ya que los dos novios salieron del templo tan solteros como antes de entrar.

¿Cómo es eso posible? Sencillamente porque la celebración de la boda estaba viciada por el incumplimiento de algunas normas muy graves. Estas normas afectan tanto a los propios contrayentes como al mismo párroco o sacerdote autorizado.

Para que una persona pueda casarse debe ser *hábil* para el matrimonio, es decir, no debe tener ningún impedimento matrimonial. Estos impedimentos son doce. Así, por ejemplo, si un primo hermano se casa con su prima, aun cuando no sepan que son parientes, su matrimonio es inválido, si no se les ha dispensado previamente dicho impedimento por parte del ordinario del lugar (véase el Esquema de la nulidad).

Ahora bien, no basta la *habilidad* o carecer de impedimentos, sino que los novios deben consentir con libertad y deliberación. Por tanto, los que carecen de discreción de juicio o no pueden cumplir con las obligaciones del matrimonio, los que van forzados a casarse, los que son engañados por el otro respecto de las cualidades importantes, entre otros más, tampoco se casan, aun cuando todo el mundo crea que están válidamente casados.

Finalmente, el sacerdote que los casa debe estar autorizado para ello por la misma ley o por delegación.

En consecuencia, un matrimonio resulta inválido a causa de los impedimentos, del consentimiento o de la forma de casarse.

En este caso los Tribunales de la Iglesia, tras un proceso judicial, pueden declarar la nulidad de ese matrimonio. Los jueces se limitan a decir que esa pareja jamás estuvo realmente casada, es decir, esos novios que celebraron con toda solemnidad su boda siguen siendo solteros igual que antes de casarse.

Por eso los jueces de la Iglesia no anulan ni disuelven ni divorcian a esa pareja, porque entre ellos jamás existió ningún vínculo o atadura legal: simplemente se limitan a sentenciar que no estaban casados.

Y si desde el principio una pareja está mal casada, siempre lo está, aun cuando pasen varios años y tengan varios hijos. El simple paso del tiempo no hace válido o bueno lo que inicialmente estaba viciado.

Así, pues, declarar nulo no es lo mismo que anular o invalidar. Son conceptos distintos que muchos confunden.

Es interesante observar que las causas que provocaron la invalidez de un matrimonio tienen que haberse producido antes de la boda. Por ejemplo, si alguien alega que su matrimonio no fue válido basándose en que el otro cónyuge era impotente, tiene que demostrar que la impotencia existía con anterioridad a la celebración del matrimonio. Lo que ocurra después de casados no influye en la nulidad. A lo sumo podrá utilizarse como causa de separación o de divorcio civil.

En síntesis: una cosa es el divorcio (ruptura del vínculo existente) y otra la nulidad (declaración de que nunca estuvieron casados). Estos últimos son los matrimonios inexistentes, aunque este término no es del todo exacto. La separación rompe la cohabitación, pero el vínculo conyugal permanece.

# Los impedimentos matrimoniales

En principio todos pueden contraer matrimonio. Pero, a veces, por una serie de razones, el derecho limita la facultad o libertad para casarse. Esta limitación se hace por medio de los impedimentos.

Los impedimentos son circunstancias físicas, sociales o jurídicas que hay en las personas; a las que la ley vincula una prohibición de contraer matrimonio, por ejemplo, la edad, el parentesco o la adopción. Hay impedimentos que son de derecho divino y otros de derecho humano; unos son perpetuos y otros temporales y los hay que no pueden ser dispensados.

Seguidamente vamos a señalar los impedimentos al matrimonio canónico:

1.  *La edad*. El canon 1083 establece que no pueden contraer válido matrimonio los varones menores de 16 años y las mujeres que no hayan cumplido los 14. La Conferencia Episcopal Española ha elevado esta edad a los 18 años, si bien esta ley sólo afecta a la licitud, no lo hace a la validez del matrimonio.
2.  *La impotencia* (c. 1084). Consiste en la incapacidad por parte del hombre o de la mujer de realizar, de modo humano, la cópula sexual, o sea, de poner los actos propios de la generación por los que los cónyuges se hacen una sola carne.

    La impotencia ha de ser antecedente al matrimonio, cierta y perpetua (incurable). No hay que confundirla con la esterilidad (incapacidad de tener hijos). La impotencia se debe a defectos orgánicos, funcionales y psíquicos. Entre los defectos orgánicos se señalan la carencia o atrofia de los órganos sexuales tanto en el hombre como en la mujer.

Cualquier defecto que impide la copulación o coito es impedimento para el matrimonio. Los defectos debidos a disfunciones o motivaciones psíquicas no suele ser impedimento, porque por lo general son curables. El modo humano se refiere a que la consumación no haya sido conseguida mediante violencia.

3. *El ligamen* (c. 1085). Prohibición de contraer nuevo matrimonio a la persona que ya está válidamente casada con otra que todavía vive, aunque no haya sido consumado.

4. *La disparidad de cultos* (c. 1086). Consiste en la prohibición de contraer matrimonio al católico con un no bautizado. Por católico se entiende la persona bautizada en la Iglesia católica o que se ha convertido a ella desde una religión cristiana no católica (protestante u ortodoxa). Por ejemplo, el matrimonio entre un católico con un musulmán, un judío o un budista, que no estén bautizados. No existe este impedimento entre católicos, protestantes u ortodoxos.

5. *El orden sagrado* (c. 1087). Los ordenados de diácono, presbítero u obispo no pueden contraer matrimonio canónico. Sin embargo, se permite la ordenación diaconal a personas casadas.

6. *El voto público perpetuo de castidad* (c. 1088). Afecta a quienes han emitido votos públicos de carácter perpetuo en un instituto religioso. No afecta a los que hacen votos privados, en un instituto secular, en una sociedad de vida apostólica, o emiten votos públicos, pero no son perpetuos.

7. *El rapto* (c. 1089). Prohíbe contraer matrimonio entre el varón raptor y la mujer raptada, en contra de su voluntad.

8. *El crimen* (c. 1090). Afecta al conyugicida que de forma individual o cooperando con otros da muerte a su cónyuge o al cónyuge de la persona con la que se quiere casar. La muerte tiene que producirse con la finalidad matrimonial y tiene que darse un conyugicidio consumado. Para que se dé el

impedimento basta la comisión efectiva del homicidio, no se requiere que haya sido condenado por un tribunal.

9. *La consanguinidad* (c. 1091). Con este impedimento se prohíbe el matrimonio entre los ascendientes y descendientes, tanto legítimos como ilegítimos, entre primos, entre tíos y sobrinos y entre primos hermanos. Este impedimento sólo se dispensa entre tíos y sobrinos y entre primos hermanos.

10. *La afinidad* (c. 1092). Consiste en la prohibición de contraer matrimonio entre el varón y los consanguíneos de su mujer y entre la mujer y los consanguíneos de su marido, pero sólo en línea recta (padrastro e hijastra, suegro y nuera, yerno y suegra). En otros términos, la afinidad sólo es impedimento matrimonial en línea recta; por tanto, no hay impedimento entre el viudo(a) y sus cuñados(as), y otros parientes colaterales.

11. *La pública honestidad* (c. 1093). Prohíbe el matrimonio en línea recta y primer grado entre los hijos de un concubino con el otro o entre una persona casada inválidamente y el hijo del otro también casado inválidamente. Se trata del caso de dos personas que, por un motivo u otro, no son marido y mujer. Lo que se prohíbe es que el hijo o la hija de uno de ellos se case con el otro (falso cónyuge).

12. *El parentesco legal de adopción* (c. 1094). Surge por la adopción y afecta al adoptante y al adoptado y a sus ascendientes y descendientes, así como a los adoptados con los hijos carnales del adoptante (segundo grado de la línea colateral).

Quienes contraen matrimonio sin que estos impedimentos hayan desaparecido, es como si no se hubieran casado. Su matrimonio es nulo.

## Cese de los impedimentos

a) Hay impedimentos matrimoniales que no admiten dispensa. Ni siquiera el Papa los puede dispensar, como es el caso de la consanguinidad en línea recta (padres e hijos, abuelos y nietos) o en línea colateral (entre hermanos), así como el impedimento de impotencia, ligamen en matrimonio rato y consumado.

b) Hay impedimentos que sólo dispensa el Papa: orden sagrado, el voto público perpetuo de castidad emitido en un instituto religioso de derecho pontificio y el crimen. En peligro de muerte pueden ser dispensados por el ordinario local (obispos y vicarios generales o episcopales), menos el del orden presbiterial.

c) Hay impedimentos que dispensa el ordinario del lugar: todos los demás.

d) El impedimento de edad cesa por dispensa del ordinario y por el paso del tiempo.

Hay que advertir que, en peligro de muerte, y en alguna otra ocasión, también los pueden dispensar los señores curas, y en ciertos casos, incluso los confesores (cc. 1078–1080).

## Algunos ejemplos de nulidad a causa de los impedimentos

*a. Impedimento de ligamen y disparidad de cultos*

Como mencionaba anteriormente, el matrimonio es nulo cuando se celebra con un impedimento dirimente no dispensado, cuando el consentimiento es deficiente o cuando la celebración de la boda se hizo de forma irregular.

A continuación, un ejemplo de matrimonio nulo por causa de un impedimento:

Hace unos meses, una mujer casada y con dos hijos me hizo la siguiente consulta:

Llevo diez años casada con un extranjero de religión musulmana, por lo que antes de casarme tuve que pedir, y me concedieron, la dispensa del impedimento de disparidad de cultos, ya que yo era católica y mi novio musulmán (no bautizado). De nuestra unión nacieron dos hijos. A los siete años de estar casados, mi marido, a causa de un accidente de circulación, quedó impotente. Además, la convivencia entre los dos se hizo muy dura ya que me maltrataba, pues sospechaba de mi fidelidad.

Por otra parte, una vez casados (seis años después) me confesó que antes de venir a España había estado casado con una mujer de su misma religión, pero que en su país se había divorciado de ella legalmente. Debo decirle también que hace un año conocí a un hombre que me quiere y me gustaría casarme con él por la Iglesia. Yo creo que al quedar impotente mi marido, nuestro matrimonio ha sido anulado. ¿Me autorizaría la Iglesia la celebración de un nuevo matrimonio?

He aquí mi respuesta:

Distinguida señora: Tres son las posibles causas que pudieron hacer inválido su matrimonio. La primera es la disparidad de cultos existente entre ustedes. Pero al haber solicitado la dispensa a su debido tiempo no pudo hacer nulo su conyugio. En cuanto a la impotencia, o incapacidad de su marido para realizar de modo humano la cópula matrimonial, tampoco afecta la validez, por cuanto se trata de una impotencia posterior a la boda. Nada de lo que ocurra después del matrimonio puede hacerlo nulo, ni siquiera la locura. No olvide que la impotencia sólo dirime el matrimonio cuando es anterior, perpetua y cierta. Por ese motivo tampoco sería nulo su matrimonio.

En cambio, si es verdad que su marido estuvo realmente casado con otra mujer y posteriormente divorciado, la cosa cambia. Y cambia porque entre ustedes existía el impedimento de ligamen. Y usted sabe que la Iglesia católica no admite el divorcio concedido por un tribunal civil, sea español o extranjero, incluso en el caso de que su marido no sea cristiano. Así pues, su marido no podía casarse con usted, porque ya estaba casado con otra mujer. Luego usted nunca estuvo casada con él, siempre fue soltera, aun cuando los dos obraban de buena fe. El hecho de que tenga hijos o haya convivido con él durante diez años no cambia la realidad de los hechos: su matrimonio fue nulo.

Para que la Iglesia declare nulo su matrimonio y usted pueda casarse de nuevo con ese hombre que ama, basta con que presente al Tribunal Eclesiástico un documento público en el que conste que su marido estaba casado con anterioridad a su boda. Dada su buena fe al momento de casarse, sus hijos se tienen por legítimos a todos los efectos. Naturalmente que el padre está obligado a ayudarle en los gastos de educación y sustento.

Le saludo afectuosamente en Cristo.

En este caso el matrimonio no es anulado o disuelto por el Tribunal Eclesiástico. Sólo se limita a declarar que esa pareja nunca estuvo casada, que entre ellos no se dio jamás ningún vínculo matrimonial. Eran solteros.

*b. Impedimento del voto público de castidad y de pública honestidad*

Hace unas pocas semanas vino a verme un señor y me hizo la siguiente consulta:

—Me llamo Arturo, a los veinte años ingresé en el Cartuja donde hice la profesión religiosa como hermano lego. Tuve un grave disgusto con el superior y despechado abandoné el convento. Al poco tiempo me puse a vivir con Elisa, soltera, madre de una muchacha, Isabelita, que vivía con nosotros como si fuera hija de ambos. Tras unos años de vida en común murió Elisa. Al quedarme solo y con más de cincuenta años, Isabelita y yo empezamos a tratarnos como si fuéramos casados. Así llevamos tres o cuatro años.

Esta situación me resulta desagradable. Cada vez siento más remordimientos. La verdad es que me gustaría reconciliarme con la Iglesia, tanto más cuanto que Isabelita espera un hijo y quisiéramos educarlo como buen cristiano. Ella no se opone. La verdad es que a los dos nos haría una gran ilusión.

¿Cree usted que la Iglesia autorizaría nuestro matrimonio?

—Ciertamente—, les respondí. —Ahora bien, entre usted y esa joven hay dos impedimentos que obstaculizan la celebración del sacramento conyugal.

—¿Dos impedimentos?—, preguntó sorprendido. —Yo sé que, por haber emitido el voto perpetuo y público de castidad, no puedo casarme, porque yo no pedí dispensa cuando abandoné el convento. ¿Tengo otro impedimento?

—En efecto. El voto de castidad (canon 1088) emitido en una orden religiosa constituye una grave prohibición para contraer matrimonio. Ese impedimento sólo lo puede dispensar, con causa justa y grave, la Santa Sede. Dispensa que usted debe solicitar a través de la curia diocesana.

Pero, además, entre usted e Isabelita hay un impedimento llamado de *pública honestidad*, que surge por el simple hecho de que usted viviera concubinariamente con la madre de su actual novia, siempre que el concubinato hubiera sido público, como ha ocurrido en su caso. Entre usted e Isabelita hay una especie de parentesco, y por ello entre ustedes dos existe un impedimento para casarse.

–Pero si Isabelita no es hija mía, ni mi hijastra, ya que no estuve casado con su madre.

–Así es, pero tenga en cuenta que, si fuera hija suya, nos hallaríamos ante un impedimento de consanguinidad en primer grado de línea recta que no se puede dispensar, por ser de derecho natural (c. 1091). Y si fuera su hijastra existiría un impedimento de afinidad (c. 1092). Pero no es el caso. Su caso hay que incluirlo en el impedimento de pública honestidad (c. 1093). Impedimento que puede dispensar el ordinario del lugar.

Mi consejo es que, cuanto antes, acuda a su parroquia y exponga al párroco su situación. Él lo ayudará y le tramitará la dispensa de ambos impedimentos. Me alegro de que me lo haya preguntado. De lo contrario, se hubiera usted casado inválidamente. No olvide que la ignorancia de los impedimentos no excusa de su cumplimiento (c. 11). Lo sepa o no, su matrimonio hubiera sido nulo. Usted no se hubiera casado de verdad, sino sólo en apariencia.

# El consentimiento

## El consentimiento conyugal. Aspectos positivos
  (c. 1057)[3]

En este canon se nos dice que el consentimiento es la causa del matrimonio. No hay otra causa que lo produzca. Ni la convivencia de muchos años ni la descendencia numerosa ni el deseo de vivir juntos dan lugar a que entre hombre y mujer exista el vínculo conyugal. Sólo el consentimiento de ambos legítimamente manifestado los convierte en cónyuges.

La razón está en que el matrimonio es un sacramento y un contrato consensual, y sin el consentimiento no hay ni uno ni otro. Sería injusto, por otra parte, que, sin el libre consentimiento de los interesados, éstos se encontraran casados. Sería una vida insoportable ir al matrimonio por la fuerza, tanto más cuanto que el matrimonio canónico es para siempre e implica una profunda comunidad de vida y amor entre ambos cónyuges. Sin libre consentimiento no puede haber matrimonio válido.

Ello implica que los contrayentes sean capaces de conocer, tengan un expedito uso de razón, dominio sobre la voluntad y que sus sentimientos, pasiones y emociones estén subordinados a la recta razón. Si alguien no pudiera controlarse en absoluto o no tuviera una cierta capacidad de autogobierno o autodeterminación sería incapaz de casarse.

Además, se exige que el consentimiento responda a la verdadera intención de casarse. Que nadie vaya al matrimonio con

---

[3] En el que se recogen los cánones referentes al matrimonio.

la mentira, fingiendo que quiere casarse, cuando en realidad no quiere. Ha de ser un consentimiento deliberado, fruto de la reflexión, no un acto frívolo.

El consentimiento deben darlo ambos en la misma ceremonia, ha de ser un acto mutuo y simultáneo, manifestado ante dos testigos y ante el ministro sagrado competente, como diremos más adelante. Mutuo o recíproco por cuanto sólo si ambos hacen donación de sí mismos, como marido de esta mujer o como esposa de este varón, quedan casados. Ya que el matrimonio es una comunidad dual, entre dos personas de distinto sexo.

No sólo el consentimiento debe ser libre, deliberado, verdadero y recíproco, sino que los novios tienen que aceptar, al menos implícitamente, el objeto del matrimonio. Es decir, el consentimiento de ambos debe recaer sobre la naturaleza, fines y propiedades del matrimonio cristiano.

No pueden contraer un tipo o modelo de matrimonio a su antojo. Si ellos quisieran, como veremos, un matrimonio homosexual, o para unos pocos años, o sin querer guardar la fidelidad o sin sentirse obligados a la vida íntima propia de los casados, no quedarían convertidos en esposos.

En síntesis, los novios deben aceptar el matrimonio canónico tal como se figura en el derecho canónico:

a) *Esencia.* Consorcio de toda la vida entre varón y mujer.
b) *Propiedades.* Unidad (monogamia), indisolubilidad (no al divorcio) y sacramentalidad.
c) *Fines.* El matrimonio católico, por su misma índole natural, está ordenado al bien de los cónyuges y a la generación y educación de la prole.

Quien no consienta y acepte el matrimonio así configurado por el Derecho Canónico no lo contrae válidamente.

En los capítulos siguientes se analiza el consentimiento defectuoso. Por tanto, el que no produce el matrimonio.

# El consentimiento. Aspectos negativos: defectos y carencias

## Falta de suficiente uso de razón
(c. 1095)

En el capítulo anterior hemos hablado de los requisitos positivos para que el consentimiento conyugal de los novios produzca su resultado, o sea, convertirlos en esposos. En este capítulo vamos a fijarnos en los defectos del consentimiento, entre los cuales hay que señalar la falta de suficiente uso de razón. No hacen falta muchos argumentos para convencernos de que quienes carecen de suficiente uso de razón no pueden casarse.

Las personas que padecen una enfermedad mental que anula la inteligencia son incapaces no sólo de casarse sino de comportarse como personas libres y responsables. Este sería el caso de quienes no alcanzan ni siquiera un 0.50 de coeficiente mental: los vulgarmente llamados locos o dementes. La mente no funciona, no discurre. Un ejemplo podría ser los mongólicos, quienes viven un mundo irreal y fantástico, cualquiera que sea la causa que les hubiera llevado a esa lamentable situación.

La causa de la nulidad de su eventual matrimonio está en que no pueden consentir porque no saben lo que es el matrimonio ni comprenden sus derechos y deberes ni pueden sujetarse a los deberes propios de la vida conyugal. Son personas irresponsables precisamente porque les falta el juicio, la razón.

Ahora bien, ¿qué grado de uso de razón se requiere para poderse casar? No es fácil dar una respuesta general. Pero los Tribunales de la Iglesia y los estudiosos de esta materia suelen decir que el término suficiente hay que entenderlo desde la capacidad de comprensión de la esencia del matrimonio, así como de sus propiedades y fines.

La suficiencia del uso de razón debe valorarse desde la importancia que tiene el matrimonio en la vida de las personas. Se requiere un uso de razón más expedito (un grado mayor) para casarse que para pecar mortalmente. Si la razón no funciona tampoco lo hace la voluntad.

Esto generalmente suele producirse en el momento de la pubertad (doce a catorce años). Al decir que carece de suficiente uso de razón se quiere decir que alguien que no puede conocer lo que es el matrimonio. Afecta sobre todo a su inteligencia. Se trata de personas incapaces de realizar actos humanos y voluntarios.

Esta carencia de uso de razón puede ser habitual (caso de los enfermos mentales graves) y también transitoria (borrachos, drogadictos, hipnotizados). En ambos casos no pueden casarse, pues han perdido la razón, al menos momentáneamente. En cambio, los llamados débiles mentales, cortos de inteligencia, simples y similares, en principio, podrían casarse siempre que conozcan, aunque sea confusamente, los elementos más importantes del matrimonio, que distingan entre el bien y el mal.

A veces ocurre que hay enfermos mentales que pasan por periodos de lucidez, es decir, recuperan al menos parcialmente el uso de la razón. Los Tribunales entienden que, salvo excepciones, estas personas tampoco pueden casarse, ya que la Psicología considera que esos periodos son engañosos. En realidad, esas personas siguen siendo enfermas psíquicas.

También es interesante señalar que si la locura aparece poco después de casarse hay que pensar que la enfermedad era anterior a la celebración del matrimonio, por lo que el matrimonio así celebrado sería inválido aun cuando hubiera nacido algún hijo.

Finalmente, quiero señalar que para casarse se requiere tener el suficiente uso de razón, tal como lo hemos indicado más arriba. Pero no basta el mero uso de la razón. Hacen falta más requisitos: uno de ellos es la discreción de juicio que es algo más que tener un entendimiento más o menos despierto. Se requiere, como veremos en el próximo apartado, estar en posesión de una capacidad ponderativa o estimatoria de las consecuencias de nuestros actos. Para casarse hace falta ser una persona de *trellat*, como se dice en lengua valenciana, es decir, con sentido común.

## Grave defecto de discreción de juicio
(c. 1095)

Este defecto consiste en la imposibilidad que tienen algunas personas, a causa de ciertas anomalías psíquicas, de percatarse o de sopesar las consecuencias de sus propias acciones. Son individuos que carecen de capacidad crítica o valorativa de su comportamiento, por lo que no pueden medir las consecuencias negativas de sus actos, ni de las ventajas o inconvenientes de contraer matrimonio con una determinada persona.

En realidad, se trata de personas que tienen deteriorada su capacidad de deliberación y elección. No es que no tengan buena inteligencia o que no sean capaces de estudiar incluso una carrera universitaria, sino que a causa del desbordamiento de sus pasiones y sentimientos o del desequilibrio de su sistema nervioso se ven empujados a obrar de una manera, sin poderse oponer. Ello se debe a ciertas neurosis o psicosis.

Los especialistas hablan de inmadurez psíquica y de inmadurez afectiva. Con ello se quiere decir que hay personas que son incapaces de tomar decisiones a causa de la angustia, la ansiedad o la indecisión permanente y grave que les impide establecer relaciones normales y pacíficas con los demás.

En el caso de la inmadurez afectiva nos referimos a las personas que padecen un grave retraso afectivo. Su afectividad queda fijada en la infancia, viven como niños. Son personas egocéntricas, narcisistas, susceptibles, vanidosas, obstinadas o pasivo-dependientes, incapacitadas para establecer relaciones normales y amistosas con los demás.

En una palabra, son individuos incapaces de la convivencia amorosa que implica el matrimonio. No se olvide que el matrimonio es una comunidad de vida entre hombre y mujer, uno de cuyos fines es el bien de los propios cónyuges. Establecer ese tipo de comunión les resulta imposible.

La discreción de juicio debe recaer sobre "los derechos y deberes esenciales del matrimonio que mutuamente se deben dar y aceptar". Un autor define este objetivo esencial del matrimonio diciendo que es el conjunto indefinible de actitudes, de comportamientos y de actividades, sin el cual es imposible la formación y conservación de aquella comunión de vida y amor necesaria para la consecución, de manera verdaderamente humana, de los fines propios del matrimonio.

Ahora bien, repito de nuevo, lo que los hace incapaces de matrimonio es la falta de suficiente deliberación y la falta de libertad interna. Por libertad interna se entiende la capacidad que tenemos las personas de auto determinarnos libremente.

En cambio, los que carecen de libertad interna son esclavos de sus impulsos o emociones, no mandan sobre ellos mismos, por lo que no pueden entregarse a los demás. Este es el caso del drogadicto, del alcohólico, del fanático o ególatra que, quieran o no, se sienten empujados a obrar movidos por esos sentimientos desbordados y avasalladores que no pueden resistir, aun cuando se esfuercen por obrar en contra de estos.

Veamos dos ejemplos:

a) Ana pidió la nulidad de su matrimonio alegando que su marido era una persona muy difícil, totalmente reservado, se pasaba horas y horas sin hablarle sin motivo alguno y le pegaba sin motivo justificado. Dejó el trabajo porque, según decía, sus compañeros lo miraban muy mal. Caía con frecuencia en profundas depresiones y pasaba de todo. No mostraba interés por nada, carecía del sentido de la responsabilidad. Vivía como un ser solitario, absorto en sí mismo.

Un año después de casada se enteró de que su marido había estado ingresado en un centro psiquiátrico, por manifestarse en él ideas delirantes, principalmente de persecución.

b) Bautista, tras dos años de casado con Amalia, presentó la demanda de nulidad basándose en los siguientes hechos:

> Tuvimos un noviazgo bastante normal. Pero una vez casados pronto descubrí que mi mujer sólo quería a su madre. Si enfermaba se marchaba con su madre; si quería pasear o comer bien, si había que ir al cine o a misa se iba con ella, hasta mi forma de vestir venía impuesta por su madre. Mi mujer era un cero a la izquierda.
>
> Le supliqué que cambiara y se percatara de que se había casado conmigo. Pero ella me decía que lo más importante era cuidar y obedecer a su madre. Por todo ello, pude percatarme de que Amalia era psicológicamente muy débil, de una inestabilidad profunda. Si se casó conmigo fue porque su madre vio en mí un buen partido económico para su familia. Para todo dependía de su madre, que la dominaba por completo.

Conclusión: en mi opinión estos dos matrimonios son nulos, por falta de la suficiente discreción de juicio.

## Incapacidad de asumir las obligaciones esenciales
(c. 1095)

El caso que vamos a estudiar ahora es muy parecido al anterior, pero distinto. Allí se trataba de vicios que impedían el juicio crítico sobre la actuación propia. Aquí, más bien, se trata de personas que podríamos llamar normales, pero que no pueden cumplir los compromisos asumidos al casarse. Su inteligencia y su voluntad son normales, a pesar de lo cual no pueden asumir ni cumplir las obligaciones esenciales "por causas de naturaleza psíquica". (c. 1095.3).

Estos defectos psíquicos no quiere decir que se trate de enfermedades psíquicas en sentido estricto. La incapacidad psíquica puede deberse a la mala educación recibida, a los malos hábitos en el campo de la sexualidad, por ejemplo.

El hecho es que para ciertas personas resulta imposible cumplir con lo pactado. Para ellas el matrimonio resulta un contrato imposible y, dado que nadie está obligado a cumplir lo que le resulta imposible, es por lo que el derecho canónico los tiene por incapaces de casarse. Son personas no matrimoniables.

¿Qué es lo que no pueden cumplir? Sencillamente la fidelidad, la perpetuidad, realizar el bien del otro cónyuge, establecer relaciones interpersonales propias de los casados, atender a la crianza de los hijos, hacer uso normal de la sexualidad, entro otras obligaciones más. No se trata de personas que no quieran cumplir estas obligaciones, sino que no pueden, aun cuando se lo propongan sinceramente.

Este defecto ha de ser anterior al matrimonio, grave e irresistible y debido a una causa psíquica, como decía antes. Basta que se trate de una incapacidad relativa. Es decir, la que se da en relación con una o muy pocas personas. Hay personas que son incapaces de verdaderas relaciones interpersonales con la persona que se han casado, pero no lo serían respecto de otras. En este supuesto, el matrimonio sería nulo si se trata no de una cierta dificultad sino de una verdadera incapacidad.

Voy a poner varios ejemplos:

a) Juan padece de una homosexualidad congénita o grave que le empuja a mantener relaciones sexuales con personas de su mismo sexo. Contrae matrimonio con Isabel, la cual pronto descubre que su marido, a pesar de mantener relaciones íntimas con ella, se relaciona con muchachos y amigos. Isabel le reprende. Juan se arrepiente. Pero una y otra vez, a pesar de proponérselo, sigue con sus prácticas homosexuales.

   Lo más probable es que nos hallemos ante un matrimonio nulo, aun en el caso de que Isabel tuviera un hijo. La razón está en que Juan es incapaz de guardar la fidelidad propia de los casados. Lo mismo podría decirse si nos halláramos ante una mujer lesbiana, un hombre exhibicionista, masoquista, sádico, sátiro, o con otras graves perversiones sexuales.

b) Ricardo contrajo matrimonio con Adela, de quien tuvo varios hijos. Al poco tiempo de casarse la mujer descubrió que su marido era un cleptómano, o sea, con una irresistible tendencia a robar, hasta el punto de que lo detuvieron varias veces. Robaba a sus compañeros de la oficina, en los almacenes y tiendas, a sus propios hijos y hasta a su mujer. No lo podía evitar.

Todos los días volvía a casa con un objeto que no era suyo. La cosa resultaba extraña por cuanto no era pobre, sino que tenía un buen sueldo, además de otros ingresos rentables. A pesar de los lloros y ruegos de su mujer no logró cambiar. Tras cinco años de casados, Adela no pudo aguantar más y se marchó a vivir con sus padres.

En mi opinión este matrimonio sería inválido. Lo mismo podía decirse si se trata de un hombre fanático, cruel, celoso hasta la violencia, o habitualmente violento, despilfarrador, mentiroso permanente, incluso en cosas serias, abúlico, maleante, entre otras incapacidades, siempre que no se pueda corregir.

c) Rosario, casada con Eduardo, desde muy jovencita se habituó, por influencia materna, a comer chucherías, golosinas, helados y cosas similares. Sentía verdadera repugnancia por la cocina y por la limpieza de su casa. Tenía dos hijos a los que alimentaba de mala manera y padecían una grave anemia, y eran objeto de malos tratos sin motivo alguno.

El marido, obrero no cualificado, le llamó muchas veces la atención y discutía acaloradamente con su mujer por este motivo. A causa de la deficiente alimentación padecía una enfermedad grave del hígado. Últimamente, a causa de la poca higiene, tuvo que ser ingresado en una clínica por padecer una grave infección estomacal.

Su mujer prometía un día y otro cambiar de vida, pero no le fue posible, a pesar de que la trató un psicólogo. Su marido la abandonó y se marchó de casa con sus dos hijos.

¿Es nulo este matrimonio? Probablemente sí. La razón está en que la mujer no podía hacer frente a la crianza de sus hijos, a pesar de que no tenía más trabajo que cuidar de su marido y de sus hijos. Jamás pudo salir de esta situación.

En los tres casos nos hallamos con personas que no podían cumplir con las obligaciones esenciales del matrimonio. Su psiquismo estaba deteriorado. No les resultaba difícil corregirse, sino imposible, moralmente imposible.

# El desconocimiento de la identidad del matrimonio
(c. 1096)

Aunque parezca extraño, hay algunos contrayentes que van a la boda sin conocer los elementos mínimos que configuran el matrimonio. Más que de pura ignorancia o profundo desconocimiento había que hablar de empanada mental, o sea, de personas que confunden el matrimonio con el concubinato (uniones de hecho), o que creen que los niños vienen de París. Padecen lo que los juristas llaman un error sustancial de derecho. Es decir, están equivocados sobre los elementos que identifican la esencia del matrimonio en general.

Si se casan sin clarificar o despejar sus errores el matrimonio no tiene valor. Por la sencilla razón de que consienten o quieren una cosa distinta al matrimonio. La imagen que ellos tienen del matrimonio no se parece ni siquiera a la esencia mínima del conyugio.

Por eso el canon 1096 señala los elementos mínimos que los contrayentes no deben ignorar. Sí, hemos dicho ignorar, ya que no se requiere un conocimiento perfecto y detallado de la esencia del matrimonio, sino un conocimiento elemental que pueda ser conocido por todos, incluso por las personas más rudas, ignorantes o simples y ello en cualquier cultura, civilización o ambiente.

¿Cuál es ese mínimo que no se debe ignorar?

Como mínimo, todo el mundo debe saber que el matrimonio es:

a) Un consorcio, es decir, una comunidad de vida compartida por ambos cónyuges. O sea, saber que los casados viven juntos en la misma casa y comparten la vida.

b) Heterosexual, formada por hombre y mujer, y no por dos homosexuales.

c) Permanente, que hombre y mujer no se unen de forma ocasional y transitoria, sino que viven habitualmente juntos. No hace falta que conozcan la indisolubilidad del matrimonio, sino sólo su estabilidad.

d) Ordenado a la procreación, no han de confundir el matrimonio con una sociedad laboral, amistosa o fraternal entre los convivientes. La apertura a la vida es una característica esencial.

e) Mediante cierta cooperación sexual. Aunque sea de forma rudimentaria han de saber que los hijos vienen a consecuencia de las relaciones sexuales entre varón y mujer. No hace falta, naturalmente, que tengan un conocimiento detallado y científico.

Es lógico que la ignorancia de estos cinco puntos no se presuma, sino más bien lo contrario. Lo normal es que cualquier adolescente tenga algún conocimiento del mecanismo procreador. Quien afirma que lo ignoraba al momento de casarse tendrá que probarlo ante el tribunal. Ejemplo:

Juanita, desde muy pequeña, fue llevada a un asilo al quedar huérfana al poco de nacer. Esto ocurrió en los años veinte del siglo pasado. Se crió con las religiosas quienes se portaron con ella como una madre. Prácticamente vivió en el convento, como si fuera una religiosa hasta la edad de 16 años.

Un joven de la localidad le pidió salir con ella. A las religiosas les pareció bien. A los pocos meses el chico manifestó su deseo de casarse. Durante un año se vieron en la sala de visitas del convento junto con otras chicas y familiares. Se veían dos o tres días a la semana un par de horas.

Seriamente enamorado, el chico la llevó al altar con el permiso de las religiosas. Al querer consumar el matrimonio Juanita se opuso con toda fuerza. El joven trató de convencerla, pero pasaron las semanas y los meses y ella se negaba.

Acudieron al confesor que le aconsejó que cumpliera con su deber de casada. Pero ella respondía: "Si yo hubiera sabido que el matrimonio implicaba las relaciones sexuales yo no me hubiera casado". Antes de año y medio ya se habían separado. Por ignorar que la procreación requiere cierta cooperación sexual su matrimonio fue inválido.

# El error

## El error sobre la persona y sus cualidades
(c. 1097)

Como es sabido, el error es la falsa apreciación de la realidad: uno cree una cosa y en realidad es otra. Uno cree que alguien es millonario y la verdad es que es un miserable.

Aplicando este concepto al matrimonio, puede ocurrir que uno de los novios esté equivocado respecto de las cualidades de la otra parte. Incluso podría darse una equivocación respecto de la persona con que se casa. Cosa ésta muy rara dada la forma con que hoy se celebran los matrimonios. Los novios, antes de casarse, se tratan, salen juntos, conocen a sus familias. Por eso resultaría muy raro que alguien se casara con un desconocido.

Tal vez pudiera darse este caso si uno de ellos tuviera un hermano gemelo, es decir, que se pareciera al otro como una gota de agua a otra. O si sólo se conocieran por carta y el día de la boda se presentara una persona distinta de aquella con la que se escribía. No hay duda de que si alguien, por el motivo que fuera, se casara con Juan creyendo que se casa con Pedro, el matrimonio sería totalmente nulo.

La razón está en que en este caso falla lo más importante que es la persona con la que uno se quería casar. Los especialistas llaman error sustancial a esta equivocación porque recae sobre la persona misma. Por eso el canon 1097 dice que el error sobre la persona misma hace inválido el matrimonio.

Otra cosa muy distinta es cuando alguien se casa convencido falsamente de que su novio tiene determinadas cualidades (riqueza, honestidad, estudios, virginidad, laboriosidad, entre otras) y en realidad no es así, es decir, que se trata de una persona pobre, desflorada, perezosa, ignorante, maleante, entre otras opciones.

Como norma general, el matrimonio contraído a causa de una determinada cualidad que en realidad la otra parte no tiene, es plenamente válido. Y ello aun cuando la existencia de dicha cualidad (por ejemplo, la religiosidad) hubiera sido la causa o móvil que le indujo a casarse con esa persona.

El hecho de que una de las personas se sienta decepcionada al descubrir que la cualidad que esperaba encontrar era una ilusión sin fundamento alguno, no invalida el matrimonio. Así lo establece el mismo canon en el párrafo segundo, al decir que: "El error acerca de una cualidad de la persona, aunque sea la causa del contrato, no dirime el matrimonio".

La razón está en que el matrimonio se contrae con las personas, y no con sus cualidades. El error sobre las cualidades es un error accidental, por lo que, si las cualidades falsamente atribuidas a la otra parte no existen, no afectan a lo fundamental, que es la persona. Y ello aun cuando hubiera sido la causa o el móvil de que uno decidiera casarse con esa persona. Una cosa es la persona y otra sus cualidades.

No obstante, el error sobre las cualidades de la otra parte puede a veces ser la causa de la nulidad del matrimonio. El primer caso es cuando el error recae sobre una cualidad directa y principalmente intentada o buscada en la otra parte; y el segundo es cuando alguien ha sido maliciosamente engañado sobre una cualidad que puede perturbar gravemente el consorcio de vida de los futuros esposos.

Seguidamente explicaré, con más detalle y con algunos ejemplos, cuándo un matrimonio resulta inválido a causa de un error sobre las cualidades de la otra parte.

## El error sobre cualidad de la otra directa y principalmente intentada
(c. 1097)

Antes de la promulgación del actual Código de Derecho Canónico el error sobre las cualidades no era causa de nulidad, salvo en el caso del llamado error redundante. Pero después del Concilio, con su nueva visión del matrimonio más personalista, ha parecido más coherente incluir el error sobre las cualidades de la otra parte entre las causas de la nulidad matrimonial. La jurisprudencia de los Tribunales Eclesiásticos ha tenido un gran papel en esta cuestión.

Como decía en el apartado anterior, en principio o normalmente, el error sobre dichas cualidades no hace nulo el matrimonio aun cuando hubieran sido la causa o móvil que llevara a casarse. En cambio, cuando se trata de un error cualificado sí lo hacen nulo. Este error es doble, a saber, cuando recae sobre una cualidad directa y principalmente buscada y en el caso de error doloso. Vamos a estudiar el primero de ellos.

En este caso, uno de los novios por encima de todo quiere que el otro tenga una cualidad, hasta el punto de que le interesa más la cualidad que la persona que la posee. Puede resultar sorprendente que alguien esté más enamorado, por decirlo así, de una determinada cualidad que de la misma persona. El novio consiente en tanto en cuanto existe en la novia dicha cualidad por él especialmente buscada.

En este caso la cualidad pretendida no sólo es un móvil para casarse, sino que, por decisión del contrayente, forma un todo con su acto de voluntad. Es decir, no es sólo un simple error, sino que influye en la voluntad actual del que se casa.

No importa que la cualidad no sea importante, basta cualquier cualidad relevante para el contrayente. Pero casos no faltan y muchos son razonables. Por ejemplo: "quiero casarme con una mujer perteneciente a la nobleza y creo que María es condesa. Por este motivo he renunciado a diversos noviazgos anteriores porque esas mujeres no eran nobles. En cambio, en mi opinión, María reúne esa condición que yo busco y quiero de forma directa y principal hasta el punto de que casi condiciono mi futuro matrimonio a la existencia de dicha cualidad".

Veamos algunos ejemplos:

a) Juan, viudo, es padre de dos niñas de pocos años a las que no puede atender personalmente, dada su profesión de ingeniero, ni tampoco confiarlas a ningún pariente para que las cuide. Ante esta lamentable situación pensó en contraer nuevo matrimonio con una mujer que quisiera encargarse de sus hijas durante todo el día. Buscaba una mujer que quisiera ser ama de casa.

   Para ello, tras diversos fracasos, puso un anuncio en la prensa en el que manifestaba su firme voluntad de casarse con una mujer que fuera maternal, amante de los niños y que no trabajara fuera del hogar. A su petición contestaron treinta y dos muchachas. Tras reunirse con ellas rechazó las que no cumplían el requisito que él necesitaba. Sólo una de ellas parecía reunirlo.

   Pero, una vez casado con ella, a los pocos meses descubrió que dicha mujer maltrataba a sus hijas, las mataba de hambre, las tenía sucias y se pasaba la mayor parte del día fuera de casa. La decepción de Juan fue enorme. Muy pronto la despidió. Bien asesorado presentó demanda de nulidad de su matrimonio basándose en el error que había padecido respecto de la cualidad que de forma directa y principal había buscado al contraer matrimonio.

   Que esa cualidad era para él lo más importante se deduce de su comportamiento: había rechazado a muchas mujeres porque no reunían dichos requisitos. El Tribunal accedió a su demanda.

b) Isabel, a la edad de trece años, perdió a su padre, con el que se sentía profundamente vinculada. Su padre era un hombre equilibrado, sensato, muy religioso, un hombre justo. Isabel, a los dieciséis años, conoce a un hombre, quince años mayor que ella, por el que se siente cautivada.

Cautivada por su cultura, firmeza, seguridad, posición profesional, en fin, adornado con todas las cualidades de su padre. Era la imagen de su padre. Reunía las cualidades que ella veía en su futuro marido y que ella buscaba ansiosamente.

Una vez casada, pronto descubrió que aquel hombre era un muñeco, carente de las cualidades que ella había visto en él. No tenía profesión fija, era una persona insegura, sin afectos, protocolaria, un farsante. Sus cualidades eran aparentes. Detrás del falso brillo no había nada. Se casaron cuando ella cumplió los 18 años y a los 22 ya estaban separados. Tuvieron dos hijos.

El Tribunal Eclesiástico le dio la nulidad por estimar que Isabel se casó con un hombre que no tenía las cualidades que ella había buscado y querido por encima de todo creyendo falsamente que su novio las poseía.

Más que el hombre le interesaban sus cualidades y consintió en casarse con él en tanto en cuanto poseyera dichas cualidades similares a las de su difunto padre. En este caso se dio por parte de la mujer un error sobre cualidades directa y principalmente intentada (c. 1097.2).

## El error doloso sobre las cualidades del otro contrayente
(c.1098)

Al igual que la anterior, también ésta es una causa nueva no contemplada anteriormente. El actual Código en el canon 1098 establece que quien se case engañado por "dolo provocado para obtener su consentimiento, acerca de una cualidad del otro contrayente" es como si no se hubiera casado.

Dolo quiere decir engaño, falacia, maquinación deliberada para mover al otro a que se case. El embaucador, valiéndose de embustes y ardides, trata de que la otra parte se decida a contraer el matrimonio con él o con otra persona. El hecho es que uno de los cónyuges va al matrimonio engañado sobre las cualidades del que va a ser su cónyuge. Los ejemplos son muchos.

Este sería el caso de quien creyera que su novia es virgen cuando no lo es, o que es médico o que el novio es honrado, religioso o buen trabajador cuando en realidad es todo lo contrario. Para que resulte nulo alguien tiene que engañar, además con la expresa intención de que el otro acepte el matrimonio. Matrimonio que, de no ser por el error que sufre, jamás hubiera contraído.

El engaño doloso tiene que ser directo, o sea, que el embaucador busque el matrimonio del otro, y no otros fines. El ánimo de engañar puede llevarse a cabo de forma positiva, o sea, afirmando cualidades que no existen, o de forma negativa, callando u ocultando los hechos o cualidades de la otra parte que, por su importancia, pueden perturbar gravemente la vida conyugal (c. 1098).

¿Qué cualidades son esas? Sencillamente, aquellas que por su propia naturaleza puedan perturbar la comunión interpersonal de los cónyuges, su propio bien, la crianza de los hijos... Ha de tratarse de cualidades objetivamente graves, no de cosas triviales e insignificantes, aunque hay que tener en cuenta la valoración personal de los contrayentes.

Los casos más repetidos son los siguientes: la enfermedad grave, el matrimonio civil con otra persona contraído con anterioridad, el internamiento en centro psiquiátrico, la filiación extramatrimonial, el embarazo de otro, haber estado en la cárcel, la incredulidad, la ocultación de la esterilidad, pertenencia a otra religión, graves desviaciones sexuales, la gran diferencia de edad, titulación universitaria, entre otros.

Puede decirse que el error provocado dolosamente hace nulo el matrimonio cuando recae sobre cualidades jurídicas, sociales, morales, religiosas o referentes a graves problemas de salud física o psíquica.

Ha de tratarse de un error causado por dolo, o sea, maliciosamente. Y la parte engañada no se habría casado en ningún caso de haberlo sabido. Tiene que darse un claro nexo causal entre el engaño doloso o malintencionado y la voluntad de casarse. Por tanto, no sería válido el matrimonio cuando se contrae con error sobre las cualidades de la otra parte sin que medie el dolo o engaño, salvo en el caso de error sobre cualidad directa y principalmente intentada, como hemos dicho en el artículo anterior.

Esta figura es muy parecida a la anterior, pero se diferencia en que en ésta hay mala voluntad por una de las partes. Mientras que en la primera el error se lo creó uno mismo, sin que nadie mediara con mentiras o embustes.

a) Uno de los casos famosos fue el de una chica francesa que se casó con un administrador de fincas de su padre. Este se había opuesto a ese matrimonio. Un buen día apareció asesinado. La policía, al principio, no supo o no pudo descubrir al asesino. Pero nueve años después de haberse casado y haber tenido dos hijos, se descubrió que el administrador, ahora su marido, había sido el asesino.

   La mujer presentó la demanda de nulidad y se la concedieron, porque el administrador había ocultado maliciosamente su cualidad de asesino, por lo que ella no tuvo inconveniente en casarse con él. Su consentimiento conyugal estaba gravemente viciado por un embuste que el administrador le metió en la cabeza y ella se lo creyó.

   La razón está en que nadie debe sacar ventajas de sus acciones inicuas (el asesinato) y además en que el matrimonio consiste en una comunión de vida basada en la verdad y el amor. De alguna forma la libertad de esa mujer quedó viciada.

b) Otro caso fue el de una joven que contrajo matrimonio canónico con un hombre civilmente casado, sin decirle a ella ni una palabra. Ocultó adrede su estado y que era padre de dos hijos. Al descubrir estos hechos, la joven lo abandonó porque se sintió engañada. Un Tribunal Eclesiástico del Brasil dio una sentencia reconociendo la nulidad de este matrimonio, que fue ratificado por la Rota Romana.

## El error sobre las propiedades del matrimonio
(c. 1099)

Para no perderse en la comprensión de esta figura hay que tener en cuenta que el error, o juicio falso de la realidad, es un acto del entendimiento, por el que se conocen las cosas. En el caso del matrimonio lo que hay que conocer es la esencia del matrimonio y sus propiedades esenciales, entre otros aspectos. Por otra parte, no debe perderse de vista que el consentimiento es decisión o un acto de la voluntad. La inteligencia piensa, discurre. La voluntad decide.

El consentimiento conyugal es, pues, un acto de la voluntad. En consecuencia, los errores teóricos (sobre la naturaleza y propiedades del matrimonio) no hacen nulo el matrimonio, salvo que sean esenciales (p.e., sobre la identidad del matrimonio).

Pero las propiedades, aun cuando las llamemos esenciales, no forman parte de la esencia. Por lo que el error sobre las propiedades no hace nulo el matrimonio. Nos referimos a la unidad, a la indisolubilidad y a su dignidad sacramental (cc. 1055 y 1099).

Pues bien, hay personas que creen que la poligamia no está mal, que el divorcio es un remedio positivo o que el matrimonio no es un sacramento, sino un acto puramente natural o civil.

¿Qué pasa con esos novios que van a casarse convencidos erróneamente de que el matrimonio es en teoría poligámico, divorciable o civil? Pues el c. 1099 lo dice muy claramente: "El error sobre la unidad, la indisolubilidad, o la dignidad sacramental... no vicia el consentimiento".

Por tanto, el matrimonio celebrado con esta actitud o personal visión de las propiedades del matrimonio no impide que una persona se case verdaderamente ante la Iglesia. Ya lo decía hace siglos santo Tomás de Aquino: "El error de los infieles sobre si el matrimonio es sacramento o si es lícito no impide el matrimonio".

Lo mismo hay que decir de las otras propiedades. Por eso si se casan y dicen que *no creen o no están de acuerdo* con la unidad, la indisolubilidad o sacramentalidad del matrimonio, siempre que tuvieran clara la intención de casarse, casados salen de la Iglesia.

En coherencia con estas ideas, la Iglesia considera válidos y sacramentales los matrimonios de los protestantes y de otros bautizados que no creen en la dignidad sacramental del matrimonio de dos católicos que, previo abandono formal de la Iglesia católica, se casan civilmente. Porque ése u otros errores no influyen en la voluntad, que es la que realmente consiente. Ya que quien quiere lo principal (casarse) quiere también lo accidental o accesorio (las propiedades), mientras no las rechace o excluya positivamente (c. 1101.2) como explicaremos más adelante.

En suma, mientras el error sobre dichas propiedades esenciales del matrimonio "no determine la voluntad" (c. 1099) el matrimonio será válido. Es decir, una vez que el error se sale de la esfera intelectiva y entra en la esfera de la voluntad cambian las cosas. Sería nulo ciertamente si se diera un acto positivo de la voluntad, como acabamos de decir.

Y también en el supuesto, no siempre fácil de probar, de que el error esté tan arraigado en el ánimo del contrayente, tan profundamente aceptado por su mente, que ésta sólo quiera un tipo de matrimonio predeterminado: sin las propiedades esenciales canónicas. En ese caso nos hallaríamos ante un error determinante del acto interno de la voluntad. Sólo la voluntad excluyente, de una u otra forma, hace nulo el matrimonio.

Ejemplo:

Ernesto, de familia católica, poco a poco se apartó de la Iglesia y abandonó la fe recibida de sus padres. Tras un breve noviazgo con Matilde, católica practicante, decidieron contraer matrimonio por la Iglesia.

Ernesto aceptó a desgana por no disgustar a sus padres y a la novia. Pero él era un acérrimo partidario del divorcio y no creía en la sacramentalidad del matrimonio cristiano. Pero ello no fue obstáculo para sentirse muy enamorado de Matilde, con la que contrajo un matrimonio normal. A pesar de ello, cinco años más tarde se separó de Matilde y al poco tiempo, tras el divorcio, se casó con otra mujer civilmente.

Por su parte, Matilde presentó la demanda de nulidad, alegando que su matrimonio fue nulo porque Ernesto no creía en dos propiedades del matrimonio, a saber, la indisolubilidad y la dignidad sacramental. El Tribunal Eclesiástico no le dio la razón por cuanto el simple error sobre dichas cualidades no hace nulo el matrimonio, salvo que dicho error determine la voluntad.

# La simulación

## La simulación total
(c. 1101)

La simulación consiste en fingir. Aplicado al matrimonio, simular es aparentar ante los demás que uno se quiere casar cuando en realidad no quiere. Les interesa celebrar la boda y que conste ante los demás que se han casado, pero al mismo tiempo no quieren ser cónyuges o esposos. Mienten como bellacos, ya que se da una total discordancia entre lo que dicen ante el párroco y los fieles y lo que sincera y realmente pretenden. Con razón el canon 1101.2 establece que "si uno de los contrayentes, o ambos, excluye por un acto positivo de la voluntad del matrimonio mismo... contrae inválidamente".

Para que el matrimonio resulte inválido es preciso que uno de ellos o los dos, de una forma expresa, o sea, con un acto positivo de su voluntad, decidan no casarse de verdad, pero a la vez quieren que aparezca que se están casando de veras. Quieren la ceremonia, la boda, pero interiormente no quieren el matrimonio. Es decir, el acto de la boda para ellos no tiene valor alguno. Esta decisión puede hacerse de forma individual o por ambos cónyuges, tanto interna como externamente.

Si esta decisión la toman internamente, sin que la sepa nadie, el matrimonio no vale, es decir, no quedan casados, pero les resultará imposible o muy difícil probarlo ante un Tribunal. En cambio, si la decisión tomada por uno o por los dos la comunican a otros de palabra o por escrito, es claro que les resultará muy fácil la prueba de su ficción ante los jueces.

Normalmente estas cosas se manifiestan a los padres, amigos, a otros parientes o compañeros de trabajo. Estos podrán, en su día, actuar ante el Tribunal como testigos. Quiero insistir en que el matrimonio resulta nulo tanto si la simulación es individual como de ambos contrayentes, lo sepa o no la otra parte, tanto si es interna (privada) como externa (manifestada).

¿Por qué algunas personas recurren a esta ficción o simulación? Por muchas razones. Unos porque se casan bajo presión paterna, otros porque quieren conseguir la nacionalidad o una buena posición social, hacerse con una copiosa herencia, legitimar los hijos naturales y darles los apellidos, enriquecerse, así como otras más. Objetivos estos que nada tienen que ver con el matrimonio como comunidad de vida y amor.

Las personas que sólo buscan la apariencia del matrimonio para conseguir otros intereses, normalmente, apenas logrados abandonan a sus esposos, ya que ellos no eran más que un instrumento para conseguir un fin personal extraño al amor conyugal.

Para que el matrimonio resulte nulo, la parte o las partes que simulan o fingen deben hacerlo de forma expresa o positiva, o sea, con un acto positivo de la voluntad. No basta un deseo vago o haber sido partidario del amor libre o contrario al matrimonio en general.

Ejemplos:

a) Matilde, con diecisiete años, quedó embarazada de un muchacho compañero de curso. Al enterarse, los padres de la muchacha se pusieron en contacto, primeramente, con el chico, el cual se negó a casarse con ella. Ante su negativa, acudieron a sus padres, los cuales, tras largas conversaciones con su hijo, lo convencieron de que se casara. "Bien, si quieres me casaré con ella. Pero sólo para legitimar a mi hijo y para que lleve mis apellidos".

En efecto, se casaron, hubo banquete y viaje de novios para contentar a sus padres, pero a los dos meses de convivencia se separaron, a pesar de que sus progenitores les instaban a que permanecieran juntos. Pero el muchacho les respondió que él ya había cumplido con su obligación de padre, y que a partir de ese momento empezaría a buscarse otra novia.

b) Josef, de nacionalidad polaca, ante las negativas del Gobierno a concederle la nacionalidad española, le propone matrimonio a Rosa, española, la cual acepta casarse con Josef por la suma de cien mil pesetas.

Tras el expediente en la parroquia y las amonestaciones contrajeron matrimonio canónico. Celebraron unas bodas sencillas y para cumplir con los requisitos del Código Civil (21.2.d) establecieron un domicilio común. Josef, con el acta matrimonial, pudo conseguir la nacionalidad española a su debido tiempo. Rosa recibió la cantidad estimada y se separaron amistosamente.

c) Juan, un tipo vividor y sin escrúpulos, conoció a María, muchacha de muy buena posición social. Poco a poco fue ganándose su simpatía y logró enamorarla. "Te llevas un mirlo blanco", "¡Qué suerte tiene el tío!", le decían sus amigotes. "A mí la María sólo me interesa por la cama y la caja de caudales". "¿Pero no estás enamorado de ella?", le preguntaban los amigos. "¿Enamorado? Nada de nada. Esa tía sólo me interesa mientras tenga dinero, pero cuando se acabe –y de ello me encargo yo– la dejo y me busco otra". Un año después de casados, y casi arruinada la esposa, Juan desapareció de casa. No se conoce su paradero. La mujer, unos años después, pide la nulidad para poder casarse con Esteban.

En mi opinión, estos matrimonios son inválidos. La pareja no quedaba unida en matrimonio, porque uno de ellos, o los dos, carecían de intención de constituir un verdadero matrimonio cristiano.

## Simulación parcial

### 1. La exclusión de los hijos

c. 1101 (antes citado) excluye un elemento esencial.

En el apartado anterior los novios querían casarse aparentemente, no de verdad. Al celebrar la ceremonia no les interesaba el vínculo conyugal, sino conseguir otros intereses: nacionalidad, dinero, posición social, entre otros. Había un rechazo absoluto del matrimonio.

En cambio, en los casos que seguidamente vamos a estudiar, la pareja se quiere casar de verdad, pero no quiere aceptar alguno o ninguno de los elementos esenciales del matrimonio, especialmente las propiedades y fines del matrimonio.

En este caso, en el contrayente o en los contrayentes hay una reserva mental por medio de la cual rechazan algún elemento esencial del matrimonio canónico que a ellos no les gusta. Quieren, como suele decirse, un matrimonio a la carta. Escogen aquellas propiedades y fines que quieren y rechazan las que no les gustan: la unidad o la indisolubilidad, la sacramentalidad o la formación y educación de los hijos o el bien de los cónyuges. Al obrar así no quedan casados, porque los novios han de aceptarlos todos, o el matrimonio no vale.

En este apartado vamos a estudiar el caso en que uno de los novios, o ambos, mediante un acto positivo de la voluntad, se oponen a tener hijos, privando de esa manera a su matrimonio de uno de sus objetivos esenciales: la procreación y educación de la prole (c. 1055).

Para que el matrimonio resulte nulo, esta decisión, unilateral o bilateral, deben tomarla antes de la boda, no después. Tiene que ser una firme decisión por la que se niegan a reconocer el derecho-deber de ambos a la procreación.

Por tanto, si uno o ambos, en el momento de casarse excluyen el derecho al acto conyugal o lo conceden sólo para determinados periodos, o tienen el firme propósito de evitar perpetuamente la generación, para lo que están dispuestos a usar métodos anticonceptivos, prácticas abortivas y, si fuera preciso, recurrir al infanticidio, se casan inválidamente.

No se olvide que esta decisión tiene que tomarse antes del matrimonio. Si no lo hacen, aunque después de casados incumplieran las normas de la Iglesia, no lo haría nulo. Ello no quiere decir que los esposos deban tener tantos hijos como puedan engendrar. No, en absoluto. Los esposos, por exigencias de la paternidad responsable, deben decidir en común acuerdo el número de hijos que deben y pueden tener.

En este caso, los esposos no rechazan perpetuamente la procreación, sino que la regulan adecuadamente. Lo que lo hace nulo es el firme propósito de evitar los hijos tomado antes o en el mismo momento de casarse (*Humanae Vitae* 10).

Normalmente las parejas deciden tener uno o varios hijos. Esta voluntad o intención de los contrayentes es suficiente para que su matrimonio sea válido. Ahora bien, si para conseguir este objetivo recurren a métodos inmorales, según la doctrina cristiana, ello no significa que su matrimonio sea nulo por exclusión de los hijos, si bien no quita que su conducta sea pecaminosa, ya que incumplen sus obligaciones cristianas.

Por otra parte, las exclusiones temporales de tener hijos no implican tampoco la negación del derecho-deber de procrear. La jurisprudencia, en estos casos, habla de abuso o de que los esposos no quieren cumplir adecuadamente con la obligación, que han asumido al casarse, de que su matrimonio estuviera ordenado a la procreación y educación de la prole. Pero el matrimonio, en estos casos, se tiene normalmente por válido.

¿Qué decir de los padres que quieren tener hijos, pero se niegan a educarlos? En principio, habría que decir que el matrimonio es válido, salvo que se tratara de una carencia educativa tan grave que pusiera en grave peligro la salud física o el aprendizaje de las normas morales y sociales más elementales para poder convivir como un ser humano. Nulo sería también en el caso en que los padres, antes de casarse, decidieran abandonarlos a todos ellos.

Ejemplos:

a) Sería nulo el matrimonio cuando la mujer o el varón quisieran mantener relaciones sexuales sólo y exclusivamente los días agenésicos, no considerándose obligados a mantenerlas el resto de los días.

b) También lo sería en el caso de una pareja, cuya mujer era hemofílica, por lo que ambos pusieron la condición firme y tajante de no tener hijos para evitar que sus descendientes fueran hemofílicos. En coherencia con esta decisión tomaron anticonceptivos desde el primer día. Fue una decisión pactada, firme e irrevocable entre ellos. De tal forma que estaban decididos a no casarse antes que tener descendientes enfermos.

c) Juan, hombre frívolo, amante de la buena vida, perteneciente a la alta sociedad, contrae matrimonio con Elisa, católica y amante de la familia, que deseaba tener varios hijos. Su novio le decía que con uno les sobraba. Elisa confiaba en cambiar la actitud de Juan. Pero éste a sus amigos y familiares les decía, una y otra vez, que era su firme decisión tener un solo hijo y que "si ella, por un descuido, quedara embarazada la obligaría a abortar y le impondría un ligamento de trompas". Por otra parte, él mismo al nacer su primera hija, se mandó hacer una vasectomía doble.

d) Clotilde, joven muy religiosa, prometió a la Virgen, como acción de gracias por un gran favor recibido, que guardaría castidad perpetua, incluso cuando se casara. En efecto, tras un noviazgo de varios años contrajo matrimonio con Felipe, el cual era sabedor de esta promesa de su novia, pero creía que después de casarse cambiaría de opinión. Pero el hecho es que, una vez casada, continuó con su negativa de mantener relaciones íntimas con el marido. Actitud que no quiso cambiar a pesar de los consejos y recomendaciones de su director espiritual, quien le animó a cumplir con sus deberes de buena esposa.

En mi opinión, estos matrimonios serían inválidos.

## *2. Simulación parcial: Exclusión de la fidelidad*
### (c. 1101.2)

Es bien sabido que el matrimonio cristiano se caracteriza, entre otros aspectos, por la unidad y la fidelidad. Así lo enseña el Vaticano II al decir que la "íntima unión de los esposos, como mutua entrega de dos personas, lo mismo que el bien de los hijos, exigen la plena fidelidad conyugal y urgen su indisoluble unidad" (*Gaudium et Spes* 48).

La unidad, pues, viene exigida por su amor mutuo, por el bien de los hijos y por el simbolismo sacramental que nos remite a la fiel e irrevocable alianza de Dios con su pueblo y al amor de Cristo por su Iglesia. La fidelidad y unidad conyugal manifiestan la totalidad e irrevocabilidad de la mutua donación y aceptación de los cónyuges y son la expresión del amor que sienten el uno por el otro.

En efecto, el amor conyugal hace insustituibles a las personas. La fidelidad y la unidad constituyen un verdadero derecho y un auténtico deber de un cónyuge respecto del otro. Al casarse, varón y mujer se dan y aceptan la exclusiva sobre los actos íntimos expresivos del amor mutuo. En consecuencia, quien rechaza esta propiedad no contrae matrimonio católico.

Podemos distinguir dos situaciones o supuestos que harían inválido el matrimonio:

a) Quien en el momento de casarse se reserva el derecho a contraer matrimonio con otras mujeres, es decir, si alguien quisiera ser polígamo, tanto si las leyes del país lo permitiesen como si no lo permiten.

Según la doctrina católica, un cónyuge no puede casarse simultáneamente con otras personas. Por ello, si alguien contrajera matrimonio con la intención de casarse con otra mujer, viviendo la primera, no quedaría casado con la primera ni con la segunda.

b) Quien en el momento de casarse se reserva el derecho de ser infiel al otro cónyuge. No se trata de que de hecho sea infiel después de casado, pues esta conducta sería gravemente pecaminosa, pero no haría nulo el matrimonio válidamente celebrado.

Lo que lo haría nulo es la firme decisión, tomada antes de casarse, de mantener relaciones íntimas con personas del mismo o del otro sexo. Este sería el caso de quienes no tienen intención de desprenderse de la concubina (amiga o querida) a pesar de casarse con otra mujer, o de quienes se reservan el derecho de adulterar, o realizar actos sexuales, contra natura, o de quienes se nieguen a mantener relaciones con sus cónyuges, sin causa justa que lo justifique.

Repito una vez más que esta decisión de ser infiel, si es posterior al matrimonio, no implica la nulidad del mismo.

Ejemplos:

a) Carolina, de la alta sociedad, contrae matrimonio con Ricardo, galán de cine, vividor y acostumbrado a cierta promiscuidad sexual. Este personaje ha dejado muy claro ante sus amistades, y ante quien se ha querido enterar, que el matrimonio no es para él una cárcel. Si se casa con Carolina es para disfrutar de ella durante una temporada. El se siente libre y no quiere desaprovechar las ocasiones que la vida le presente. De hecho, pocos días antes de la boda estuvo con diversas mujeres y con ellas siguió manteniendo relaciones íntimas después de casado. ¡La fidelidad y el amor verdadero no eran su fuerte!

Es evidente que este matrimonio fue nulo de pleno derecho.

b) Belisario fue un mujeriego desde la pubertad. Para él no había mejor dinero que el gastado en prostitutas. La doctrina católica sobre el amor y la fidelidad conyugal eran para él ideas lunáticas, carecían de sentido y no podían cumplirse. Así que a los 18 años se echó una novia, a la cual fue infiel centenares de veces. El era un hombre libre y creía legítimo aprovechar cualquier ocasión. Al casarse con ella, tres años más tarde, siguió con la misma indigna conducta.

Para mi marido —reconocía María, su esposa—, la fidelidad no tenía ningún valor.

Incluso presumía, ante mi presencia, de haber estado con centenares de mujeres y pensaba seguir haciéndolo hasta que el cuerpo lo resistiera. Lo veía normal y como si fuera un derecho suyo. Le aguanté cinco años, por causa de los hijos que teníamos. Pero al final no pude resistir más ante tamaña falta de ética y dignidad, y me separé.

En síntesis, el contrayente que expresamente rechaza la fidelidad conyugal no contrae matrimonio válido. Su matrimonio no fue nulo sólo porque era un mujeriego, sino porque creía, desde antes de casarse, que su conducta era legítima y que nadie se lo podía reprochar. Nadie, ni siquiera su mujer, tenía derecho a privarle de sus amoríos.

Véase el ejemplo d) del apartado anterior.

### 3. Simulación parcial: Exclusión de la indisolubilidad
(c. 1101)

El matrimonio católico es para siempre, es un consorcio entre hombre y mujer para toda la vida. En opinión de la Iglesia, la indisolubilidad se aplica a todos los matrimonios, no sólo al católico. Por ello, una vez casada una pareja, su matrimonio resulta indisoluble, trátese de cristianos, ateos, musulmanes o judíos, por poner algunos ejemplos.

Para la Iglesia católica todo matrimonio es indisoluble. Por ello no admite como válido el divorcio concedido por cualquier tribunal, sea europeo, americano o asiático. Las sentencias de divorcio no son reconocidas por la Iglesia, para quien la alianza conyugal es irrevocable. Los novios son libres para casarse o no casarse, pero una vez casados no pueden rescindir su contrato, ni por divorcio civil ni por sí mismos. "Lo que Dios ha unido que no lo separe el hombre", decía Jesús.

Por tanto, quien contrae matrimonio con la intención expresa, o por acto positivo de la voluntad, de romper el vínculo conyugal cuando lo estime oportuno, tras un periodo más o menos largo, o si las cosas van mal o desaparece el amor o la vida de casado resultara demasiado difícil, no contrae matrimonio canónico.

La exclusión de la indisolubilidad puede hacerse de forma absoluta, o sea, si uno o ambos contrayentes señalan un límite a la permanencia del matrimonio (una semana, un año, cinco años, o cualquier otro). Y también puede rechazarse la indisolubilidad de forma hipotética, es decir, en el caso de que el matrimonio fracase, cese el amor, encuentre un consorte más adecuado, si no se tienen hijos o por otras razones.

La razón porque estos matrimonios son nulos está en que los novios rechazan el matrimonio cristiano, no aceptan sus elementos esenciales, como son las propiedades o los fines y, en este caso, no quieren positivamente el matrimonio para siempre o indisoluble. Para la Iglesia la perpetuidad pertenece a la esencia del matrimonio. Es un consorcio de toda la vida o no es nada. Por ello quienes no quieren la indisolubilidad no quedan casados. Siguen tan solteros como antes de casarse.

Lo difícil es la prueba. Los jueces exigen que se pruebe que uno o ambos rechazaron antes de casarse el matrimonio indisoluble. No basta que se admita el divorcio en teoría, sino que se requiere un acto expreso por el que los novios rechazaron la indisolubilidad de su matrimonio concreto. Este es el caso, por ejemplo, de quien al casarse ya tiene claro que acudirá al divorcio si las cosas salen mal.

Ejemplos:

a) Emilia salía con Elías. Ella estaba muy enamorada de su novio, por el que sentía un gran atractivo físico. Elías era un chico irresponsable, no había terminado los estudios medios, le habían despedido de varias empresas, se emborrachaba y era muy colérico. Ella le reprendía, pero Elías no lograba corregirse.

Emilia le abandonó varias veces, pero una y otra vez se reconciliaban. Un buen día ella descubrió que estaba encinta. Eso precipitó el matrimonio. Emilia no se cansaba de repetir a su familia y amigos: "Si no fuera por esta situación no me casaría, pero si Elías después no cambia romperé con él y me divorciaré sin pensarlo ni un minuto". "Yo lo quiero, pero si me hace la vida imposible, me divorciaré para quedar libre". A los ocho meses de casados, Elías no había cambiado en absoluto. Emilia no pudo más y pidió el divorcio civil. Unos años después pidió también la nulidad de su matrimonio ante la Iglesia para poderse casar con Antonio.

b) Nuria, hija de padres separados y de buen nivel económico, fue educada con ideas "muy liberales". Viajó mucho y mantuvo diversos amoríos antes de conocer a Nicolás, del que se enamoró a su manera. Enseguida le propuso mantener relaciones prematrimoniales. Incluso le propuso ponerse a vivir juntos sin contraer matrimonio. Cosa que Nicolás no aceptó, ya que quería tener hijos y formar un hogar serio y responsable.

Ante la firme actitud de su novio, Nuria accedió a casarse porque Nicolás le gustaba mucho como hombre. Pero, como ella decía, "lo hice con la intención de sentirme libre y, si llega el caso, romper nuestra unión, especialmente si algún día Nicolás deja de interesarme".

Por otra parte, no quería quedar encinta de ninguna de las maneras, por lo que acudía a todo tipo de anticonceptivos. Su manera de ser, que en un principio gustaba a Nicolás, acabó llevándolos a la ruptura total. Sus convicciones y criterios eran muy divergentes respecto de la vida matrimonial. Pronto se separaron.

Nuria se divorció y se volvió a casar. Nicolás, arrepentido de haberse casado con una mujer como Nuria, pide la nulidad de su matrimonio ante el Tribunal Eclesiástico. Se había enamorado de una joven religiosa, discreta, amante de la familia y muy equilibrada.

Estoy seguro de que en ambos casos se les concedería la nulidad.

### 4. *Exclusión de la dignidad sacramental*
   (c. 1101)

Que el sacramento del matrimonio sea uno de los siete sacramentos instituidos por Cristo es una verdad dogmática, repetidas veces enseñada por el Magisterio ordinario y extraordinario de la Iglesia. Con ello se quiere decir que el matrimonio no es sólo una realidad natural, sino también sobrenatural, por cuanto el matrimonio cristiano se configura como el misterio de la unión de Cristo con su Iglesia. O como dice la *Familiaris Consortio*, "representa el misterio de la Encarnación de Cristo y su misterio de Alianza" (n. 13).

Con razón el c. 1055.1 nos recuerda que la alianza matrimonial entre varón y mujer ha sido elevada por Cristo a la dignidad de sacramento entre bautizados. Es, pues, signo eficaz de la gracia por lo que queda inserto en el misterio de la salvación, es decir, una realidad eclesial.

Ahora bien, lo que se convierte en un signo salvífico es la misma realidad natural del matrimonio, hasta el punto de que la sacramentalización no implica alteración alguna de su institución natural. Por tanto, la sacramentalidad pertenece a la misma esencia del matrimonio cristiano.

Hay identidad entre contrato (consentimiento bilateral de los cónyuges) y sacramento. Por ello si no hay consentimiento válido (contrato) no hay sacramento, y si no hay sacramento tampoco hay contrato, siempre que ambos novios estén bautizados. De lo que se desprende la íntima relación entre bautismo y matrimonio.

Por todas estas consideraciones es por lo que se dice que la sacramentalidad del matrimonio es una propiedad esencial extrínseca, es decir, porque sólo tienen esta cualidad los matrimonios entre bautizados y no, como es obvio, entre los que no lo están y porque no se deriva de su naturaleza, sino de la voluntad de cristo.

En consecuencia, más que la fe y más que la plena comunión con la Iglesia, para que un matrimonio sea sacramental, se requiere que los dos contrayentes estén bautizados y que quieran casarse tal y como lo hacen los cristianos. (Este es un problema que discuten algunos pastoralistas, pero el hecho es que el Derecho Canónico no prohíbe el matrimonio cristiano a quienes han abandonado notoriamente la fe católica o la Iglesia católica por acto formal). (cc. 1071.4 y 1117)

No les prohíbe el matrimonio siempre que quieran casarse de verdad, o sea, que acepten el matrimonio canónico y que quieran quedar realmente casados.

Sin embargo, si uno de los contrayentes o ambos, por un acto positivo de la voluntad, es decir, de forma intencionada, rechazaran la dignidad sacramental, no quisieran que su matrimonio fuera signo de la unión de Cristo con la Iglesia, no quedarían realmente casados.

La razón está en que quien rechaza intencionadamente la sacramentalidad rechaza el matrimonio, dado que entre bautizados no puede existir separación alguna entre consentimiento conyugal y sacramento. Con otras palabras, la materia y la forma del sacramento del matrimonio son las palabras por las que los novios se entregan y se aceptan mutuamente. "Yo te quiero como esposa o como esposo". Estas palabras u otras similares son a la vez el contrato y el sacramento. Existe plena identidad entre ambas cosas. Quien rechaza una rechaza la otra.

Ahora bien, una cosa es rechazar expresamente y otra es ignorar o estar equivocado sobre el particular. De hecho, la Iglesia tiene por sacramentales los matrimonios de los protestantes por el simple hecho de estar bautizados, a pesar de que el protestantismo no acepta la sacramentalidad del matrimonio.

Para la Iglesia católica lo único que importa es que los contrayentes estén bautizados y que quieran casarse sinceramente. Con ello basta para estar casados. Sólo quienes se muestran claramente hostiles a la sacramentalidad no contraerían matrimonio válido, porque se supone que expresamente rechazan la dignidad sacramental. Quien rechaza la sacramentalidad rechaza el matrimonio y viceversa.

Ejemplos:

a) Hermenegildo, aunque bautizado en la Iglesia y tomó la Primera Comunión, vivió toda su vida al margen de esta, es más, se mostraba enemigo acérrimo del cristianismo y de sus dogmas.

Terminada su carrera conoció a Imelda, joven profundamente católica, de la que se enamoró. Tuvieron muchas discusiones sobre problemas religiosos. Al decidir cómo tenían que casarse, Hermenegildo se oponía frontalmente a hacerlo en la Iglesia. Pero Imelda, por convicción propia y por su familia, exigió el matrimonio canónico. El aceptó, pero, como decía a sus amigos, la boda religiosa no tenía para él ningún sentido y la consideraba como si fuera una ceremonia civil. Hasta el punto de que si la boda fuera un sacramento no quería quedar casado por la Iglesia, a la que tenía por enemiga y contraria a sus ideales.

En mi opinión, se trataría de un matrimonio inválido, porque rechaza expresamente la dignidad sacramental de su matrimonio.

b) Armanda, hija de familia muy cristiana, salía con Víctor, joven educado en el ateísmo, si bien fue bautizado. Era un hombre tranquilo y respetuoso con su novia, por lo que no puso ningún reparo en casarse por la Iglesia.

El estaba muy enamorado y lo que quería era ser su marido para toda la vida y fundar una familia. Este matrimonio sería válido y, por tanto, sacramental.

# El matrimonio condicionado
(c. 1102)

Nos hallamos ante un matrimonio bajo condición cuando uno o ambos contrayentes subordinan el nacimiento del matrimonio al cumplimiento de un hecho o circunstancia determinada. El ejemplo más corriente es cuando la validez del conyugio se condiciona, por ejemplo, a que el novio termine la carrera, a que llegue a ser médico, a que sea creyente u honrado. La condición es precisamente el hecho o acontecimiento del que se hace depender la existencia válida de un ligamen o vínculo matrimonial.

Se llama condición propia cuando la circunstancia o el hecho es futuro e incierto ("si llegas a ser ingeniero"). En cambio, la condición impropia se da cuando esa circunstancia o acontecimiento pertenece al pasado o al presente ("me caso si eres fértil, si no tienes hijos, si no has estado en la cárcel").

Son hechos que ya han ocurrido, si bien el contrayente que pone la condición los desconoce o, por lo menos, duda de ellos. También se llama impropia cuando es un hecho futuro pero necesario ("si mañana la tierra sigue dando vueltas"). Pero esta condición resulta ridícula y hay que tenerla por no puesta.

Otra distinción importante es la condición suspensiva y la resolutoria. La primera se da cuando se aplaza el nacimiento del acto jurídico (el matrimonio) hasta que se cumplan el hecho o el acontecimiento. El ejemplo es el siguiente: "me caso contigo (hoy) pero nuestro matrimonio no empezará de verdad hasta el día en que termines la carrera". Si alguien se casara con esta condición no valdría su matrimonio, porque lo prohíbe el canon 1102.

Las condiciones resolutorias, por el contrario, hacen que el acto jurídico (el matrimonio) valga inmediatamente, pero su continuidad se subordina por uno o ambos cónyuges a que se cumpla un determinado hecho ("me caso contigo, pero me consideraré soltero(a) el día en que empieces a emborracharte o a pegarme").

Creo interesante advertir que este tipo de condiciones se emplean con frecuencia en otro tipo de negocios o actos jurídicos (contratos de venta, alquiler, depósito, entre otros) y normalmente son lícitos. Pero no en el caso del matrimonio canónico.

Expuesto el concepto de condición y sus clases, veamos lo que establece el c. 1102:

- Las condiciones propiamente dichas, o sea, las de cumplimiento incierto y futuro, sean suspensivas o resolutorias, siempre hacen inválido el matrimonio.

Ahora bien, hay condiciones que nunca acaban de cumplirse del todo (técnicamente se llaman de tracto sucesivo), por ejemplo: "me caso contigo, si no te embriagas nunca más" o "si no me maltratas". En el fondo es una condición de futuro, por lo que debiera tenerse por inválido el matrimonio condicionado de esa manera. Pero dado que esa condición nunca acaba de cumplirse, salvo el día en que uno muera (en que ya no podrá embriagarse), se ha considerado por la Jurisprudencia y los especialistas que, en el fondo, se trataba de una especie de promesa más que de una condición.

Es como si se dijera "me caso contigo si me prometes que nunca más te embriagarás". Si la promesa que hacía un novio al otro era seria y formal se les tenía por casados. En cambio, si el prometiente mentía y prometía lo que no pensaba cumplir, la boda era un engaño, por tanto, inválida. Así es como se ha interpretado tradicionalmente.

Luego cuando los novios abandonan el templo donde se ha celebrado la boda bajo condición son o no son marido y mujer, según los casos. El que ellos en ese momento lo ignoren no afecta para nada al nacimiento del vínculo conyugal.

Puede ocurrir que ellos crean durante mucho tiempo que están casados y en realidad no lo están. Por mucho que pase el tiempo siempre serán solteros y ello aun cuando tuvieran hijos.

Finalmente quiero señalar dos cosas. En primer lugar, que nadie debe poner condiciones a su matrimonio "sin licencia escrita del Ordinario del lugar". Ello se hace para evitar engaños y problemas entre los contrayentes. Pero si una o ambas partes ponen condiciones de pasado, de presente o de futuro, aun cuando el ordinario no se entere, afectarían a la validez del matrimonio, según lo que hemos dicho más arriba.

Y, en segundo lugar, la condición puede ponerse de forma explícita o implícita, pero siempre con una clara y firme voluntad de condicionar su matrimonio al cumplimiento de esas circunstancias concretas. La condición es implícita cuando la intención de la persona que pone la condición se deduce, no de sus palabras (explícita), sino de su comportamiento (por sus obras descubrimos lo que quiere).

Por otra parte, las condiciones o circunstancias pueden ser asuntos insignificantes o de gran importancia. Igual lo anularía condicionar el matrimonio a que el varón sea, por ejemplo, chistoso o buen nadador, o a que sea médico o que nunca haya estado en la cárcel. Lo importante es que se ponga la condición con un acto positivo, sea cual sea su gravedad o importancia y que no se haya retirado antes de la boda.

Ejemplos:

a) Berta se puso en relaciones con Humberto, joven un poco mayor que ella. Pocos meses después de conocerse llegó a la novia el rumor, bastante fundado, de que Humberto había vivido en concubinato con otra mujer. Ella, enamorada de su novio, al principio no daba crédito a dicho rumor, ya que el joven parecía serio y lo negaba una y otra vez entre juramentos.

A pesar de todo, Berta antes de casarse le volvió a preguntar si era verdad, diciéndole que ella condicionaba su matrimonio a este hecho. "Si has estado rejuntado con esa pelandusca, no quiero casarme contigo", le manifestó.

Desgraciadamente, después de la boda se confirmó, sin lugar a dudas, que había convivido durante varios años con dicha mujer. El Tribunal de la Rota falló a favor de la nulidad.

b) Los ejemplos pueden multiplicarse: "Si has estado sometido a tratamientos psiquiátricos, si has abortado, si tienes hijos de otro u otra, si eres fértil o virgen, si eres de tal o cual profesión, si eres creyente, si eres rico, si te gusta viajar", entre otros.

Los ejemplos son inagotables. Lo importante para que el matrimonio resulte nulo es que los novios, con acto positivo o intencionado, quieran por encima de todo que se dé una condición o circunstancia. No basta un deseo vago ni la mera voluntad interpretativa, o sea, la que no hubiera puesto de haber sabido estas cosas.

# El miedo
### (c. 1103)

La celebración del matrimonio debe ser un acto plenamente libre. El contrayente debe decidirse a casarse o no casarse, a casarse con una persona o con otra, sin coacciones de ningún tipo.

El matrimonio, por ser un contrato consensual, exige por derecho natural la libertad de celebrarlo o no celebrarlo. De lo contrario, se violentaría gravemente la dignidad e intimidad de las personas al verse forzadas a convivir de por vida con una persona a la que no quieren o por la que sienten aversión.

No se olvide que el matrimonio cristiano es un compromiso jurídico entre dos personas de diferente sexo. Compromiso jurídico quiere decir que ambas partes reconocen que el otro tiene verdaderos derechos sobre su vida. Han de convivir, deben ser fieles el uno al otro, deben ayudarse en las dificultades, deben mantener relaciones íntimas propias de los casados, compartir trabajos e incluso los bienes y recursos económicos.

Sin el libre consentimiento de ambos el matrimonio se convertiría en una injusticia y en un infierno. En consecuencia, la boda ha de ser un acto libremente elegido, sin presiones internas o externas que restrinjan gravemente la capacidad de decidir.

La libertad de los contrayentes puede desaparecer por varias causas, pero aquí nos interesa destacar el miedo o las amenazas provenientes de ciertos individuos. Por miedo se entiende la consternación o perturbación psíquica que sufre una persona a causa de los males con que se le amenaza. La persona amenazada se encuentra en una alternativa: o aceptar el mal con que se le amenaza o acceder a los deseos del amenazante:

"O te casas con Juan o te expulso de casa", dice el padre encolerizado a su hija.

Para que el miedo o la amenaza que nos hacen haga nulo el matrimonio debe reunir varios requisitos. En primer lugar, debe tratarse de un mal grave, si bien es suficiente para que el matrimonio resulte inválido que sea un mal relativamente grave, es decir, grave para la persona concreta (mujer enferma, pobre, menor de edad, entre otras).

Ha de ser, como es obvio, anterior a la celebración del matrimonio y que proceda de una causa externa al interesado. Quizás lo más importante de todo es que la persona coaccionada no vea otra salida para escapar de las amenazas que el matrimonio. En su opinión, casándose sale de apuros y evita no pocos males. El matrimonio es el precio que tiene que pagar para librarse de ellos.

A este efecto poco importa quién cause el miedo. Puede hacerlo la misma ley (por ejemplo, la cárcel), los familiares o personas extrañas. La doctrina suele distinguir entre miedo común, que se produce cuando los males son graves para cualquiera, y el miedo reverencial que se da cuando el mal procede de los padres, familiares próximos, personas con autoridad moral y se trata de males hogareños, por así decirlo. Es decir, los males consisten en malas caras, ruegos impertinentes y constantes, presiones, privación de donativos, mandatos y castigos innecesarios, humillaciones e insultos, entre otros.

Si las amenazas tienen más consistencia, como, por ejemplo, amenazas de suicidio, expulsión del hogar a un menor, desheredación, palizas graves, con mayor motivo resulta nulo porque nos hallamos ante un miedo común grave (mixto, suelen llamarlo), a pesar de que provenga de personas que merecen nuestro respeto.

Lo que hace nulo el matrimonio por miedo reverencial no es casarse simplemente por no disgustar o indignar a los padres, sino el miedo de los novios a tener que soportar una vida gravemente molesta en el hogar a causa de la indignación de estos.

Los ejemplos más comunes son los siguientes:

a) La muchacha que sale con un chico que apenas conoce y del que no está enamorada y del que queda embarazada. Al enterarse sus padres ponen el grito en el cielo, crisis nerviosas, lágrimas, amenazas de diverso tipo. Los padres insisten machaconamente en que se case para que la honra y buena fama familiar no quede malparada. La chica no ve otra salida y, para evitarse molestias, accede a los deseos de sus padres, y se casa con el joven al que no quiere. El matrimonio así celebrado sería nulo.

b) Juan es un muchacho que trabaja en una casa de juguetes. Con cierta frecuencia se queda con parte de la recaudación y llega poco a poco hasta apropiarse de más de un millón de pesetas. El dueño lo descubre.

   El joven, que salía con su hija, poco agraciada y de la que no estaba enamorado, no veía otra salida más que ofrecerle matrimonio con la intención de que ella intercediera ante su padre para que retirara la denuncia de la policía y escapar así a la cárcel.

   Contrajeron matrimonio. Unos años después murió el padre de la esposa. Juan la abandonó a pesar de haber tenido dos hijos. Al desaparecer la amenaza (el padre), acudió al juez eclesiástico pidiendo que declarara nulo su matrimonio.

En mi opinión, ese matrimonio así contraído, a pesar de los hijos y del tiempo que vivieron juntos, fue nulo. Sólo aparentemente eran esposos, pero en realidad seguían siendo solteros, porque el matrimonio lo produce sólo el libre consentimiento de los novios, y no la mera convivencia ni la procreación.

c) En Estados Unidos un joven viola a una muchacha. Esta lo denuncia al juez. Las penas previstas son varios años de cárcel. Para evitar la cárcel, el muchacho ofrece casarse con la violada. La joven retira la denuncia y se casan. Es también un matrimonio inválido, dado que la boda era el único camino para librarse de la prisión, a pesar de que la pena (cárcel) con que lo amenaza era legal.

# La forma jurídica y matrimonio por procurador

(cc. 1108, 1109, 1116, 1117)

## Forma jurídica del matrimonio

Hemos dicho repetidas veces que el consentimiento libre y liberado de los contrayentes es la verdadera causa del matrimonio. Sin consentimiento de ambos no hay vínculo conyugal.

Ahora bien, ese consentimiento tiene que manifestarse por los novios de forma legítima. No basta, pues, que los novios en sus casas o de manera privada se tengan por casados por mucho amor que sientan el uno por el otro.

Según la ley, el consentimiento tiene que manifestarse de forma pública, es decir, generalmente ante un ministro sagrado (por ejemplo, ordinario del lugar, sacerdote o diácono) siempre que estén debidamente autorizados, y dos testigos cualesquiera.

Para entenderlo mejor, es necesario distinguir entre las solemnidades litúrgicas, que normalmente acompañan a la manifestación del consentimiento y la forma jurídica. Las ceremonias o actos religiosos que suelen realizarse con motivo de la boda como, por ejemplo, la santa misa, la lectura de los Evangelios, la bendición del sacerdote o la recepción de la sagrada Eucaristía no son propiamente la forma jurídica necesaria para estar casados.

1. La forma jurídica ordinaria, consiste en manifestar el consentimiento:

a)  A requerimiento o petición del párroco (u otro sacerdote o diácono autorizados) que debe intervenir sin coacción de nadie, es decir, de propia iniciativa. Además, la Iglesia de la boda debe hallarse dentro de los límites parroquiales.

Su presencia activa debe ser legítima, o sea, que no se hallen incursos en censura (no estar excomulgados o suspendidos) y al menos uno de los novios debe estar adscrito a la Iglesia latina, que es lo normal en México. Pero si los dos contrayentes, o al menos uno de ellos, son de rito oriental (católico o no católico), sólo podrá asistir válidamente a dicho matrimonio un sacerdote, no un diácono.

b)  Además hace falta la presencia simultánea de dos testigos, mayores o menores de edad, siempre que tengan uso de razón y se percaten del sentido y valor del acto que se está celebrando en su presencia.

En consecuencia, si falta alguno de estos elementos el matrimonio resulta inválido. Este sería el caso de que, por ejemplo, no estuvieran presentes los testigos, o el ministro sagrado que actúa no estuviera facultado o se encontrara fuera de los límites territoriales de su jurisdicción.

Es muy raro que sea nulo por este capítulo, por cuanto los sacerdotes suelen hacerlo bien. Pero excepciones no faltan.

2. La forma jurídica extraordinaria consiste en que por razones graves (como peligro de muerte, persecuciones religiosas o largas distancias) se permite el matrimonio celebrado sólo ante dos testigos, ya que no puede acudir ningún sacerdote autorizado.

En relación con esta última forma hay que recordar al lector que excepcionalmente (si lo autoriza el obispo, o en tiempo de persecución o de imposibilidad de acudir al párroco) se tiene por válido el matrimonio celebrado por católicos ante el juez civil. Es decir, a veces el matrimonio contraído civilmente es válido también para la Iglesia católica.

Por tanto, ese matrimonio así contraído es sacramental, aun cuando no se celebrara ninguna ceremonia religiosa, porque el sacramento consiste en las mismas palabras que pronuncian los novios al casarse legítimamente, tal como lo autorizan las normas de la Iglesia católica.

¡No se confundan! Ese matrimonio civil sólo tiene valor para la Iglesia en esas circunstancias excepcionales que he dicho antes. Fuera de ellas no tiene valor alguno, si se trata de personas católicas.

3. Obligados a la forma canónica (o sea, a casarse por la Iglesia).

Están obligados a casarse por la Iglesia todos los católicos, bien se casen entre sí, bien se casen con otros que no están bautizados (judíos o musulmanes, por ejemplo) o con otros bautizados en otras Iglesias cristianas (protestantes u ortodoxas, por ejemplo).

Si el católico no se casa según las normas de la Iglesia, ésta lo tiene por soltero y lo considera como unido irregularmente y en un estado de pecado grave, al menos desde el punto de vista objetivo, salvo que se trate de católicos a los que se les hubiera dispensado la forma canónica de su matrimonio mixto o dispar (c. 1127).

Por católico se entiende el que está bautizado en la Iglesia católica o los bautizados en otras Iglesias que se hayan convertido al catolicismo.

## El matrimonio por procurador
(c. 1105)

A veces, por diversas razones, los contrayentes no pueden o les resulta muy molesto, acudir a un mismo lugar para celebrar su boda. Este es el caso de la mujer que vive en Europa y el novio reside en Argentina u otro lejano país. Trasladarse, antes de la boda, de un país a otro suele ser muy caro.

En estos casos, el derecho canónico permite que uno de ellos nombre o designe a otro para que le represente en el acto de la celebración de la boda en la Iglesia. A este representante se le llama también procurador o mandatario. Para actuar legalmente se necesita que el mandante (el novio o la novia) le dé un mandato (autorización), que debe hacerse por escrito, bien con documento público civil o eclesiástico, bien con un documento privado (hecho por el mismo novio o novia) y firmado también por dos testigos. Todo ello a tenor del c. 1105.

Pues bien, los requisitos exigidos en ese canon deben cumplirse a rajatabla, de lo contrario el matrimonio resultaría inválido o nulo. La causa de la nulidad está en que al ser ilegal (incorrecto) el mandato o poder, indirectamente lo sería también el matrimonio así celebrado. Y ello aun cuando todos actuaran de buena fe, ya que la ignorancia, como es sabido, no excusa normalmente del cumplimiento de las leyes (c. 15).

La nulidad del matrimonio por éste y por los otros capítulos (causas o motivos) deben declararlo los Tribunales Eclesiásticos, no los novios, ni tampoco los Tribunales Civiles. Si bien resulta también muy difícil que haya matrimonios nulos por estas causas, ya que los sacerdotes que intervienen en estos asuntos conocen a la perfección los trámites y requisitos que deben cumplirse.

Ejemplos:

a) Juan y Teresa son novios. Juan reside en la Argentina y Teresa en España. Por razones serias, Juan no puede trasladarse a España para casarse con su novia. Sin pensárselo dos veces, escribe una carta y le pide a su hermano que le represente en la boda. Leída la carta por el párroco, considera que es suficiente y en el día fijado celebra la boda. El marido estuvo representado por su hermano.

Pues bien, ese matrimonio sería inválido porque el mandato (autorización) no cumplía todos los requisitos necesarios, según el canon 1105.2.

b) Adolfo y Ana quieren contraer matrimonio en una bella Ermita situada en la cumbre de una montaña. Sin contar con el párroco, invitan a un sacerdote amigo suyo que acaba de cantar misa, el cual pertenecía y vivía en una diócesis distinta de la de los novios. La boda fue un acto muy íntimo. Sólo estaban presentes los novios, los padrinos y el sacerdote, a quien nadie había autorizado. Ni el párroco ni el ordinario del lugar tenían conocimiento de dicha boda.

En mi opinión, nos hallamos ante un matrimonio inválido por defecto de forma jurídica, ya que el sacerdote no estaba legitimado para actuar en dicho acto.

# Aspectos procesales

## El problema de la elección de abogado y procurador

Hay que decir, en primer lugar, que los cónyuges, de común acuerdo o separadamente, pueden presentarse personalmente ante los Tribunales Eclesiásticos. En este sentido, pueden presentar la demanda de nulidad ante el competente tribunal. Pero, dada la complejidad de estos procesos, es muy conveniente y a veces necesario que intervengan abogados como asesores (c. 1481) y procuradores como representantes (c. 1482).

El derecho canónico pide que los abogados sean católicos, conocedores de estas cuestiones matrimoniales y que tengan la aprobación del obispo diocesano. Estos requisitos son esenciales porque en el juicio se trata de dilucidar la validez o invalidez de un sacramento, del matrimonio cristiano. Téngase presente que los sacramentos forman parte de la Iglesia de Cristo. De ahí la necesidad, salvo excepciones, de que los abogados sean católicos y compartan los mismos principios que los jueces eclesiásticos (c. 1483).

Precisamente para evitar abusos es por lo que en algunas diócesis existe un listado o elenco de abogados (patronos estables, se les llama), que gozan de la confianza del Tribunal, y que cobran directamente del mismo Tribunal. Los demandantes son libres de escogerlos o no. En realidad, ellos gozan de plena libertad en la elección de su abogado.

Respecto a los honorarios, los abogados siguen las indicaciones de los Colegios de Abogados, el cual señala unos mínimos, pero no los máximos. Es decir, cada abogado exige sus honorarios con gran libertad. El demandante debe distinguir entre los gastos de los Tribunales y los honorarios de los abogados. Tiene derecho a exigir claridad en esa cuestión.

Lamentamos que los abogados en México por no haber cursado la disciplina de Derecho Canónico a lo largo de su carrera y no tener la suficiente pericia, no se les permita actuar en los tribunales de la Iglesia. Sería deseable que la Conferencia del Episcopado Mexicano o los obispos en sus diócesis organizaran diplomados o una maestría al respecto. O bien, que las propias universidades públicas o privadas ofrecieran estas enseñanzas facilitando así el ejercicio de este derecho de los cristianos.

## ¿Dónde presentar la demanda?: Los tribunales competentes

La Iglesia católica, como es sabido, se encuentra prácticamente en todos los países. Es sabido también que la Iglesia se divide en provincias eclesiásticas (presididas por un arzobispo) y éstas en diócesis. A su vez, las diócesis (presididas por un obispo) se subdividen en parroquias. Pues bien, en cada diócesis hay, por lo menos, un Tribunal. Depende del número de católicos de dicha diócesis.

Para determinar el Tribunal competente en cada caso, hay que atenerse a los siguientes criterios (c. 1672):

1. El Tribunal de la diócesis donde se contrajo matrimonio.
2. El Tribunal de la diócesis donde una o ambas partes tiene su domicilio o cuasi domicilio. Es decir, donde residan habitualmente o donde pasan algunos meses del año (tres meses continuos). Téngase presente que se trata del domicilio canónico, no del civil. Por tanto, hay que saber de qué parroquia se es feligrés. Si se conoce la parroquia propia se sabe también la diócesis a la que se pertenece.
3. El Tribunal del lugar donde se encuentran la mayor parte de las pruebas (testigos, documentos).

El cónyuge demandante o el actor puede escoger el que le sea más cómodo.

## El proceso y sus momentos más importantes

El proceso se inicia cuando el actor (o las dos partes), personalmente o por medio de su procurador, presenta la demanda ante el Tribunal competente. Examinada la demanda, y considerando que existe algún fundamento, el Vicario judicial la admite. Entonces, convoca a la otra parte para que exprese su posición respecto a la demanda. Una vez oído al Defensor del vínculo, el Vicario judicial fija la cuestión a debatir.

Es decir, se determina la causa o las causas por las que, en opinión del demandante, su matrimonio resultó inválido (por ejemplo, puede pedir la nulidad de su matrimonio por causa del miedo, del error, de la simulación o de la incapacidad para consentir, entre otroas). Este momento se llama la *fijación del dubio*. Este dubio (duda) es la que los jueces resolverán con su sentencia.

Además, de la fijación del dubio, el Vicario judicial determinará qué tipo de proceso se deberá seguir, si el proceso ordinario o el proceso más breve conforme a los cc. 1683-1687.

Una vez aclarada la causa o motivo de la demanda y el tipo de proceso a seguir, se abre el periodo de las pruebas que suele llamarse *periodo instructorio*.

### 1. Las pruebas

a) *El interrogatorio de las partes* (los cónyuges) (cc. 1530-1538). Por separado, el juez trata de averiguar la verdadera voluntad de los esposos antes de casarse. ¿Hubo engaño doloso, o violencia?, por ejemplo.

Por ello los cónyuges católicos y que buscan la tranquilidad de sus conciencias deben decir la verdad. Por eso esta declaración debe hacerse bajo juramento. No se olvide que lo que se discute es si nos hallamos ante una pareja casada sacramentalmente o no. Si su matrimonio fue válido. Mentir en este caso tiene la misma gravedad moral que mentir al confesor. Se engaña a los hombres, pero no a Dios y a nuestra conciencia.

Esta declaración es muy importante, si bien, como es lógico, no constituye prueba plena o definitiva. Pero sirve para descubrir la verdad.

b) *La prueba documental* (cc. 1539-1546). Consiste en la presentación de documentos que prueben lo que se discute. Pueden ser documentos públicos (oficiales) (expedidos por notarios, jueces, párrocos, entre otros), tiene una gran fuerza, a veces definitiva. En cambio, los documentos privados (cartas u otros escritos personales) son importantes, pero su valor es menor. El juez verá en cada caso la fuerza probatoria que merecen.

c) *La prueba testifical* (cc. 1547-1573). Los testigos son quienes conocen los hechos porque los han visto o vivido o porque lo han oído a otras personas. También ellos deben decir la verdad, como si se estuvieran confesando. Pueden ser testigos los familiares, amigos o vecinos, porque normalmente las cuestiones familiares sólo son conocidas por ellos. Si su declaración es concorde, no contradictoria, tiene una gran fuerza probatoria. Basta con tres o cuatro testigos, salvo que los jueces decidan otra cosa.

d) *La prueba pericial* (cc. 1574-1581). Perito es un experto en una ciencia, en un arte o técnica. Se emplea en las causas de impotencia o de anomalías psíquicas. En las causas matrimoniales suelen intervenir ginecólogos, urólogos o psiquiatras.

e) *Indicaciones y presunciones* (cc. 1584-1586). Es decir, conjeturas que hace el juez basándose en los hechos, declaraciones de los testigos o en las mismas normas jurídicas, según los casos. Son pruebas menores pero que también contribuyen a esclarecer la verdad.

Terminado el periodo instructorio, se comunican a las partes las pruebas recogidas y se abre una discusión en la que los abogados presentan alegatos y réplicas haciendo valer sus puntos de vista (cc. 1598-1606).

## 2. *La sentencia* (cc. 1607-1610)

En el caso del proceso ordinario, uno de los jueces del tribunal colegiado (el ponente) redacta la sentencia y, tras una discusión entre todos, se pone a votación.

Si hubiera llevado el caso un Juez único, simplemente él redacta la sentencia. Pero si se lleva el proceso más breve, entonces la sentencia corresponde darla al Obispo diocesano. Luego, la sentencia se comunica a las partes (o procuradores).

La sentencia tiene que responder a la duda o cuestión inicial; tiene que decir concretamente la causa por la que el matrimonio resultó inválido; de lo contrario, el matrimonio sigue presumiéndose válido. Los jueces o el Obispo diocesano deben exponer los motivos jurídicos y los hechos que les mueven a dar sentencia en uno u otro sentido.

## 3. *La apelación al Tribunal Superior*

La sentencia puede ser *positiva*, es decir, reconoce la invalidez del matrimonio tal como lo pedían una o ambas partes. En este caso, la pareja es libre para poderse casar de nuevo con otra persona. Con las reformas del Papa Francisco, ahora no se requiere que un Tribunal de segunda instancia confirme la sentencia de primera instancia.

En cambio, si la sentencia de primera instancia fuera *negativa* o contraria a la petición de nulidad, y la parte demandante estimara que el tribunal no ha sido justo, tiene el derecho a que su demanda sea revisada por un Tribunal de segunda instancia. Tribunal que normalmente se encuentra en el Arzobispado. Si este Tribunal le vuelve a desestimar su demanda, ya no tiene normalmente nada que hacer. Es decir, dos Tribunales han estimado que su matrimonio era válido desde el primer momento de casarse. Si, más adelante, surgieran nuevas pruebas fehacientes, podría pedir excepcionalmente una revisión de su causa o juicio.

Ahora bien, si la sentencia en ese Tribunal de segunda instancia hubiera sido positiva, entonces, la pareja recuperaría la libertad y podría volverse a casar, porque ese tribunal los considera solteros.

Finalmente, quiero terminar este capítulo destacando que la sentencia a favor de la nulidad debe comunicarse a la parroquia donde se casó el demandante para que se anote en el Registro parroquial, tanto en el libro de matrimonios como en el de los bautizos. Para que la pareja sea tenida por soltera y que conste la desaparición del impedimento de ligamen o de vínculo conyugal.

Lo mismo debe cumplirse en el caso de que la Santa Sede hubiera concedido la gracia de la disolución del vínculo conyugal por dispensa de matrimonio rato y no consumado, si la disolución se hubiera conseguido por la vía del Privilegio de la fe, en sus diversas modalidades, como veremos en el capítulo siguiente.[4]

---

[4]  Todo este proceso debe durar, como máximo, año y medio.

# La disolución del matrimonio canónico

Es notorio y universalmente conocido que la Iglesia católica es contraria al divorcio. Desde el principio del cristianismo así lo ha enseñado. A lo largo de los siglos el Magisterio oficial se ha mostrado contundente en la defensa de la indisolubilidad del matrimonio.

Entre las muchas razones que hay a su favor, la Iglesia destaca el hecho de que el matrimonio sacramental es signo de la unión indestructible entre Cristo y su Iglesia. ¡Mal signo sería de este amor un matrimonio en el que los componentes pudieran romper el vínculo que los une!

Ahora bien, la Iglesia afirma que el matrimonio es *absolutamente indisoluble* cuando se trata de un vínculo sacramental (entre dos bautizados) y que todavía no haya sido consumado por los cónyuges.

En consecuencia, según la Iglesia pueden disolverse, o sea, anularse,[5] las siguientes clases de matrimonios:

a) El matrimonio sacramental que todavía no haya sido consumado, el matrimonio rato (entre bautizados) y consumado (cópula conyugal).
b) El matrimonio no sacramental.

Si me han seguido hasta aquí, los lectores ya saben que la sacramentalidad sólo se aplica a los matrimonios de dos personas bautizadas. Por tanto, no es sacramental el matrimonio entre:

---

[5] No confundir *anular* con *declarar nulo*. Se anula o disuelve el matrimonio existente, válido. En cambio, se declara nulo o inválido el matrimonio que nunca existió como verdadero matrimonio.

- Dos no bautizados.
- Un bautizado y el otro no bautizado.

Estos dos últimos casos entran dentro de una figura, de gran arraigo en la Iglesia, que se llama Privilegio de la fe.

La Iglesia, pues, sostiene que hay dos clases de matrimonio que no son absolutamente indisolubles, a saber, el matrimonio rato y no consumado por dispensa pontificia y los que no son sacramentales, en virtud del Privilegio de la fe. Vamos a estudiarlos separadamente.

## Disolución del matrimonio rato y no consumado

La palabra rato, en principio, significaba lo mismo que el matrimonio sacramental. Pero, en la práctica, ahora se aplica también al matrimonio válidamente celebrado según las normas del derecho canónico. Ello quiere decir que se refiere tanto al matrimonio formado por dos bautizados, como al formado por un bautizado y otro que no lo está (c. 1142). Este último caso sería el de la muchacha que contrae matrimonio con un musulmán, por ejemplo.

En pocas palabras, para acogerse a esta disolución del matrimonio, al menos uno de los cónyuges debe ser cristiano, no necesariamente católico.

En segundo lugar, se requiere que el matrimonio no haya sido consumado. La cuestión que debe aclararse es el concepto de consumación. No se trata de un concepto médico, ni vulgar, sino que nos hallamos ante un concepto técnico-conónico, que brevemente voy a exponer.

Consumar el matrimonio significa que entre los cónyuges ha tenido lugar "la realización de modo humano del acto conyugal apto por sí para engendrar prole al que el matrimonio se ordena por su misma naturaleza" (c. 1061.1).

Se trata pues, de una cópula *natural*, o sea, que haya habido penetración y eyaculación directa dentro de la vagina de la mujer. Ha de ser *conyugal*, o sea, entre dos casados entre sí.

Por tanto, no hay consumación si la cópula fue prematrimonial; no es natural si se trató de una cópula frustrada u onanística, o de simple fecundación artificial. No se olvide que el matrimonio se consuma mediante la copulación heterosexual entre los esposos. Por modo humano quiere decir sin violencia.

### 1. ¿A qué se debe que algunos esposos no consumen su matrimonio?

Aunque parezca extraño, todos los años llegan a Roma centenares de peticiones de disolución de matrimonio por falta de consumación. Unas veces porque uno o ambos no quisieron consumarlo. Otras, se debe a que no pudieron debido a ciertas anomalías psico-sexuales o a circunstancias de fuerza mayor, como, por ejemplo, un accidente o grave enfermedad tras la boda, que terminó en una ruptura de hecho sin haber convivido.

Tras esta breve explicación el lector habrá comprendido que a veces puede darse el caso de que una pareja tenga hijos y no haya consumado el matrimonio. ¿Por qué? Porque los hijos se pudieron tener con inseminación artificial sin que los cónyuges realizaran la cópula natural.

Otras veces se debe a que no se hizo esta cópula de modo humano. O sea, que se empleó la violencia física o, en mi opinión, cuando se logra tras previas amenazas graves. Esos actos así puestos no son humanos, es decir, no fueron libres y deliberados, sino impuestos violentamente.

*En síntesis:* El matrimonio entre dos bautizados o entre un bautizado y otro no bautizado puede disolverse (divorciarse) cuando entre ellos no haya tenido lugar la cópula conyugal, tal como hemos descrito (c. 1141).

### 2. ¿Qué hacer en estos casos?

Cuando los esposos, después de un plazo prudente y tras las pertinentes consultas a los peritos en estas materias (urólogos, sexólogos), no logran consumar el matrimonio, a pesar de que ambos lo desean, y los dos quieren terminar con esta situación, o uno solo de ellos, aunque el otro se oponga, debe acudir a la parroquia o a un Centro de Orientación Familiar cristiano en donde le informarán de la posibilidad de conseguir una disolución del vínculo conyugal. Tienen derecho a ello (c. 1697).

Si la opinión de los asesores es positiva, entonces, con la ayuda de un abogado, deben presentar un escrito al obispo de la diócesis de donde uno reside o donde se contrajo matrimonio solicitando que se abra un expediente en el que se solicita al Papa la dispensa por inconsumación del impedimento de ligamen. Sólo el Papa puede conceder esa dispensa.

### 3. ¿Cómo se prueba la inconsumación?

Se utilizan los argumentos de siempre. En primer lugar, ver si la consumación no se pudo hacer por cualquier causa imprevista. Si esta prueba no existe, entonces se recurre a lo que se llama *argumento moral*, consistente en las declaraciones de los testigos. Testigos que pueden ser familiares próximos, vecinos o amigos.

Al tratarse de cosas muy íntimas, normalmente sólo se comunican a familiares y amigos. Todos ellos deben declarar bajo juramento. Si todo ello fuera insuficiente se recurre a la *inspección corporal de la mujer y del varón*. De esa forma puede probarse la virginidad de la mujer o algún tipo de impotencia en el varón. Ambos pueden negarse a dicha inspección que, en su caso, llevan a cabo peritos en la materia (sexólogos, urólogos, comadronas, entre otros).

Excepcionalmente, cabe probar la inconsumación aduciendo la declaración jurada de la mujer y unos testigos de credibilidad. Estos declaran no sobre la inconsumación, sino sobre la credibilidad, del cónyuge que afirma que su matrimonio no fue consumado.

Otra cosa importante es alegar una causa grave, que justifique la dispensa pontificia.

Todo el sumario se realiza en la diócesis, pero es la Santa Sede la que decide (el Papa). Si se concede la dispensa pontificia inmediatamente es comunicada al solicitante, el cual puede contraer nuevas nupcias por la Iglesia. Es una lástima que en México no se reconozcan las causas del caso de rato y las de nulidad, porque así se respetarían mejor las conciencias de los ciudadanos.

## Disolución del matrimonio en favor de la fe
(cc. 1143, 1148, 1149)

La Iglesia, ya desde la época de San Pablo, admite que un matrimonio contraído entre personas no bautizadas que entra en conflicto con la conservación o acceso a la fe cristiana puede ser disuelto. Se considera más importante, a efectos de la salvación personal, el acceso a la fe o el permanecer en ella que mantener un matrimonio que la pone en peligro.

Presenta varias modalidades:

a) *El Privilegio Paulino.* Se trata de un matrimonio de dos no bautizados en el momento de casarse. Posteriormente, uno de ellos se bautiza y el otro permanece infiel. Pues bien, si la parte no bautizada no quiere cohabitar pacíficamente con la bautizada ni tampoco quiere bautizarse, entonces, cumpliendo ciertos requisitos, se permite a la parte bautizada contraer nuevo matrimonio con otra persona. (c. 1142).

b) *El caso de los polígamos.* Se trata de un hombre o de una mujer que están simultáneamente casados con varias mujeres u hombres no bautizados. Si el polígamo se bautiza puede escoger la primera y, si le resulta demasiado duro, puede escoger quedarse con una de las restantes. Esta figura sólo puede darse en los países donde exista la poligamia (c. 1148).

c) *Imposibilidad de restablecer la cohabitación.* A causa de la cautividad o de persecución. Ha de tratarse, asimismo, de dos personas no bautizadas cuando se casaron y que posteriormente uno de ellos se bautiza subsistiendo la imposibilidad de cohabitar.

En este caso el bautizado puede casarse con otra persona. Este era el caso de los negros casados y deportados de África a América. Uno de ellos era vendido en Brasil y el otro en Texas. Pues bien, si uno de ellos se bautizaba se le permitía un segundo matrimonio aun cuando estuviera casado anteriormente cuando vivía en África (c. 1148).

d) *Disolución del matrimonio dispar.* Por matrimonio dispar se entiende el matrimonio en que uno de ellos es católico y el otro no está bautizado. Es el caso de una mujer católica casada con un judío o un budista. Ambos se casaron por la Iglesia previa dispensa del impedimento de disparidad de cultos (véase el capítulo dedicado a los impedimentos). Pues bien, si entre ellos se da la ruptura conyugal sin que el cónyuge católico sea culpable de dicha ruptura, el Papa puede dispensar del impedimento de ligamen y permitirle al católico contraer nuevas nupcias (Esta figura no viene recogida en el Código de Derecho Canónico).

Un ejemplo es el siguiente:

- Eduvigis, joven católica española, estudiante de la Facultad de Medicina, contrae matrimonio con un compañero de estudios de nacionalidad marroquí y de religión islámica. Se casaron por la Iglesia previa dispensa del impedimento de disparidad de cultos. Tuvieron dos hijos. Después de cinco años de matrimonio, el marroquí se marchó a su tierra y no volvió a saberse nada de él. Al cabo de unos años Eduvigis conoce a un chico de su pueblo con el que pretende contraer matrimonio canónico. Ambos son católicos.

Para este caso hay que realizar un expediente, enviarlo a Roma y, si el Papa le dispensa del impedimento de ligamen, los novios pueden volver a casarse de nuevo por la Iglesia, siempre que haya justa causa para ello.

e) *Disolución del matrimonio en favor de la fe de terceras personas.* Hay algún otro supuesto más, pero dada la escasa aplicación que tiene, no considero necesario exponerlo en este librito. Puede verse en cualquier Manual de Derecho Matrimonial Canónico.[6]

---

[6] Estas disoluciones en defensa de la fe del cónyuge no son reconocidas por el Estado español.

# Apéndice

## Derecho Matrimonial Canónico

*Del matrimonio*

### 1055

§1. La alianza matrimonial, por la que el varón y la mujer constituyen entre sí un consorcio de toda la vida, ordenado por su misma índole natural al bien de los cónyuges y a la generación y educación de la prole, fue elevada por Cristo Nuestro Señor a la dignidad de sacramento entre bautizados.

§2. Por tanto, entre bautizados, no puede haber contrato matrimonial válido que no sea por ese mismo sacramento.

### 1056

Las propiedades esenciales del matrimonio son la unidad y la indisolubilidad, que en el matrimonio cristiano alcanzan una particular firmeza por razón del sacramento.

### 1057

§1. El matrimonio lo produce el consentimiento de las partes legítimamente manifestado entre personas jurídicamente hábiles, consentimiento que ningún poder humano puede suplir.

§2. El consentimiento matrimonial es el acto de la voluntad por el cual el varón y la mujer se entregan y aceptan mutuamente en alianza irrevocable para constituir el matrimonio.

**1058**

Pueden contraer matrimonio todos aquellos a quienes el derecho no se lo prohíbe.

**1059**

El matrimonio de los católicos, aunque esté bautizado uno solo de los contrayentes, se rige no sólo por el derecho divino, sino también por el canónico, sin perjuicio de la competencia de la potestad civil sobre los efectos meramente civiles del mismo matrimonio.

**1060**

El matrimonio goza del favor del derecho; por lo que, en la duda, se ha de estar por la validez del matrimonio, mientras no se pruebe lo contrario.

**1061**

§1. El matrimonio válido entre bautizados se llama sólo rato, si no ha sido consumado; rato y consumado, si los cónyuges han realizado de modo humano el acto conyugal apto de por sí para engendrar la prole, al que el matrimonio se ordena por su misma naturaleza y mediante el cual los cónyuges se hacen una sola carne.

§2. Una vez celebrado el matrimonio, si los cónyuges han cohabitado se presume la consumación, mientras no se pruebe lo contrario.

§3. El matrimonio inválido se llama putativo, si fue celebrado de buena fe al menos por uno de los contrayentes, hasta que ambos adquieran certeza de la nulidad.

**1062**

§1. La promesa de matrimonio, tanto unilateral como bilateral, a la que se llama esponsales, se rige por el derecho particular que haya establecido la Conferencia Episcopal, teniendo en cuenta las costumbres y las leyes civiles, si las hay.

§2. La promesa de matrimonio no da origen a una acción para pedir la celebración del mismo; pero sí para el resarcimiento de daños, si en algún modo es debido.

*De la atención pastoral y de lo que debe preceder*
*a la celebración del matrimonio*

**1063**

Los pastores de almas están obligados a procurar que la propia comunidad eclesiástica preste a los fieles asistencia para que el estado matrimonial se mantenga en el espíritu cristiano y progrese hacia la perfección. Ante todo, se ha de prestar esta asistencia:

1º mediante la predicación la catequesis acomodada a los menores, a los jóvenes y a los adultos, e incluso con los medios de comunicación social, de modo que los fieles adquieran formación sobre el significado del matrimonio cristiano y sobre la tarea de los cónyuges y padres cristianos;

2º por la preparación personal para la celebración del matrimonio, por la cual los novios se dispongan para la santidad y las obligaciones de su nuevo estado;

3º por una fructuosa celebración litúrgica del matrimonio, que ponga de manifiesto que los cónyuges se constituyen en signo del misterio de unidad y amor fecundo entre Cristo y la Iglesia que participan de él;

4º por la ayuda prestada a los casados, para que, manteniendo y defendiendo fielmente la alianza conyugal, lleguen a una vida cada vez más santa y más plena en el ámbito de la propia familia.

**1064**

Corresponde al Ordinario del lugar cuidar de que se organice debidamente esta asistencia, oyendo también, si parece conveniente, a hombres y mujeres de experiencia y competencia probadas.

**1065**

§1. Los católicos aún no confirmados deben recibir el sacramento de la confirmación antes de ser admitidos al matrimonio, si ello es posible sin dificultad grave.

§2. Para que reciban fructuosamente el sacramento del matrimonio, se recomienda encarecidamente que los contrayentes acudan a los sacramentos de la penitencia y de la santísima Eucaristía.

**1066**

Antes de que se celebre el matrimonio, debe constar que nada se opone a su celebración válida y lícita.

**1067**

La Conferencia Episcopal establecerá normas sobre el examen de los contrayentes, así como las proclamas matrimoniales u otros medios oportunos para realizar las investigaciones que deben necesariamente preceder al matrimonio, de manera que, diligentemente observadas, pueda el párroco asistir al matrimonio.

**1068**

En peligro de muerte, si no pueden conseguirse otras pruebas, basta, a no ser que haya indicios en contra, la declaración de los contrayentes, bajo juramento, según los casos, de que están bautizados y libres de todo impedimento.

**1069**

Todos los fieles están obligados a manifestar al párroco o al Ordinario del lugar, antes de la celebración del matrimonio, los impedimentos de que tengan noticia.

**1070**

Si realiza las investigaciones alguien distinto del párroco a quien corresponde asistir al matrimonio, comunicará cuanto antes su resultado al mismo párroco, mediante documento auténtico.

**1071**

§1. Excepto en caso de necesidad, nadie debe asistir sin licencia al Ordinario del lugar:

1º al matrimonio de los vagos;

2º al matrimonio que no puede ser reconocido o celebrado según la ley civil;

3º al matrimonio de quien esté sujeto a obligaciones naturales nacidas de una unión precedente, hacia la otra parte o hacia los hijos de esa unión;

4º al matrimonio de quien notoriamente hubiera abandonado la fe católica;

5º al matrimonio de quien esté incurso en una censura;

6º al matrimonio de un menor de edad, si sus padres lo ignoran o se oponen razonablemente;

7º al matrimonio por procurador, del que se trata en el c. 1105.

§2. El Ordinario del lugar no debe conceder licencia para asistir al matrimonio de quien haya abandonado notoriamente la fe católica, si no es observando con las debidas adaptaciones lo establecido en el c. 1125.

**1072**

Procuren los pastores de almas disuadir de la celebración del matrimonio a los jóvenes que aún no han alcanzado la edad en la que según las costumbres de la región se suele contraer.

*De los impedimentos dirimentes en general*

**1073**

El impedimento dirimente inhabilita a la persona para contraer matrimonio válidamente.

**1074**

Se considera público el impedimento que puede probarse en el fuero externo; en caso contrario es oculto.

**1075**

§1. Compete de modo exclusivo a la autoridad suprema de la Iglesia declarar auténticamente cuándo el derecho divino prohíbe o dirime el matrimonio.

§2. Igualmente, sólo la autoridad suprema tiene el derecho a establecer otros impedimentos respecto a los bautizados.

**1076**

Queda reprobada cualquier costumbre que introduzca un impedimento nuevo o sea contrario a los impedimentos existentes.

**1077**

§1. Puede el Ordinario del lugar prohibir en un caso particular el matrimonio a sus propios súbditos, donde quiera que residan, y a todos los que de hecho moren dentro de su territorio, pero sólo temporalmente, por causa grave y mientras ésta dure.

§2. Sólo la autoridad suprema de la Iglesia puede añadir a esta prohibición una cláusula dirimente.

**1078**

§1. Exceptuados aquellos impedimentos cuya dispensa se reserva a la Sede Apostólica, el Ordinario del lugar puede dispensar de todos los impedimentos de derecho eclesiástico a sus propios súbditos, cualquiera que sea el lugar en el que residan, y a todos los que de hecho moren en su territorio.

§2. Los impedimentos cuya dispensa se reserva a la Sede Apostólica son:

1º el impedimento que proviene de haber recibido las sagradas órdenes o del voto público perpetuo de castidad en un instituto religioso o de derecho pontificio;

2º el impedimento de crimen, del que se trata en el c. 1090.

§3. Nunca se concede dispensa del impedimento de consanguinidad en línea recta o en segundo grado de línea colateral.

**1079**

§1. En peligro de muerte, el Ordinario del lugar puede dispensar a sus propios súbditos, cualquiera que sea el lugar donde residen, y a todos los que de hecho moran en su territorio, tanto de la forma que debe observarse en la celebración del matrimonio como de todos y cada uno de los impedimentos de derecho eclesiástico, ya sean públicos, ya ocultos, excepto el impedimento surgido del orden sagrado del presbiterado.

§2. En las mismas circunstancias de las que se trata en el §1, pero sólo para los casos en que ni siquiera sea posible acudir al Ordinario del lugar, tienen la misma facultad de dispensar el párroco, el ministro sagrado debidamente delegado y el sacerdote o diácono que asisten al matrimonio de que trata el c. 1121.6, §2.

§3. En peligro de muerte, el confesor goza de la potestad de dispensar en el fuero interno de los impedimentos ocultos, tanto en la confesión sacramental como fuera de ella.

§4. En el caso del que se trata en el §2, se considera que no es posible acudir al Ordinario del lugar si sólo puede hacerse por telégrafo o teléfono.

**1080**

§1. Siempre que el impedimento se descubra cuando ya está todo preparado para las nupcias, y el matrimonio no pueda retrasarse sin peligro de daño grave hasta que se obtenga la dispensa de la autoridad competente, gozan de la potestad de dispensar de todos los impedimentos, exceptuados de los que se enumeran en el c. 1078, §2, n.1, el Ordinario del lugar y, siempre que el caso sea oculto, todos los que se mencionan en el c. 1079, §§2 y 3, observando las condiciones que allí se prescriben.

§2. Esta potestad vale también para convalidar un matrimonio, si existe el mismo peligro en la demora y no hay tiempo para recurrir a la Sede Apostólica, o al Ordinario del lugar cuando se trate de impedimentos de los que puede dispensar.

**1081**

Tanto el párroco como el sacerdote o el diácono, a los que se refiere el c. 1079, §2, han de comunicar inmediatamente al Ordinario del lugar la dispensa concedida para el fuero externo; y ésta debe anotarse en el libro de matrimonios.

**1082**

A no ser que el rescripto de la Penitenciaría determine otra cosa, la dispensa de un impedimento oculto concedida en el fuero interno no sacramental se anotará en el libro que debe guardarse en el archivo secreto de la curia; y no es necesaria ulterior dispensa para el fuero externo, si el impedimento oculto llegase más tarde a hacerse público.

*De los impedimentos dirimentes en particular*

**1083**

§1. No puede contraer matrimonio válido el varón antes de los dieciséis años cumplidos, ni la mujer antes de los catorce, también cumplidos.

§2. Puede la Conferencia Episcopal establecer una edad superior para la celebración lícita del matrimonio.

**1084**

§1. La impotencia antecedente y perpetua para realizar el acto conyugal, tanto por parte del hombre como de la mujer, ya absoluta ya relativa, hace nulo el matrimonio por su misma naturaleza.

§2. Si el impedimento de impotencia es dudoso, con duda de derecho o de hecho, no se debe impedir el matrimonio ni, mientras persista la duda, declararlo nulo.

§3. La esterilidad no prohíbe ni dirime el matrimonio, sin perjuicio de lo que se prescribe en el c. 1098.

**1085**

§1. Atenta inválidamente el matrimonio quien está ligado por el vínculo de un matrimonio anterior, aunque no haya sido consumado.

§2. Aun cuando el matrimonio anterior sea nulo o haya sido disuelto por cualquier causa, no por eso es lícito contraer otro antes de que conste legítimamente y con certeza la nulidad o disolución del precedente.

**1086**

§1. Es inválido el matrimonio entre dos personas, una de las cuales fue bautizada en la Iglesia católica o recibida en su seno, y otra no bautizada.

§2. No se dispense este impedimento si no se cumplen las condiciones indicadas en los cc. 1125 y 1126.

§3. Si, al contraer el matrimonio, una parte era comúnmente tenida por bautizada o su bautismo era dudoso, se ha de presumir, conforme al c. 1060, la validez del matrimonio, hasta que se pruebe con certeza que uno de los contrayentes estaba bautizado y el otro no.

**1087**

Atentan inválidamente el matrimonio quienes han recibido las órdenes sagradas.

**1088**

Atentan inválidamente al matrimonio quienes están vinculados por voto público perpetuo de castidad en un instituto religioso.

**1089**

No puede haber matrimonio entre un hombre y una mujer raptada o al menos retenida con miras a contraer matrimonio con ella, a no ser que después la mujer, separada del raptor y hallándose en lugar seguro y libre, elija voluntariamente el matrimonio.

**1090**

§1. Quien, con el fin de contraer matrimonio con una determinada persona, causa la muerte del cónyuge de ésta o de su propio cónyuge, atenta inválidamente ese matrimonio.

§2. También atentan inválidamente el matrimonio entre sí quienes con una cooperación mutua, física o moral causaron la muerte del cónyuge.

**1091**

§1. En línea recta de consanguinidad, es nulo el matrimonio entre todos los ascendientes y descendientes, tanto legítimos como naturales.

§2. En línea colateral, es nulo hasta el cuarto grado inclusive.

§3. El impedimento de consanguinidad no se multiplica.

§4. Nunca debe permitirse el matrimonio cuando subsiste alguna duda sobre si las partes son consanguíneas en algún grado de línea recta o en segundo grado de línea colateral.

**1092**

La afinidad en línea recta dirime el matrimonio en cualquier grado.

**1093**

El impedimento de pública honestidad surge del matrimonio inválido después de instaurada la vida en común, o del concubinato notorio o público; y dirime el matrimonio en el primer grado en línea recta entre el varón y las consanguíneas de la mujer, y viceversa.

**1094**

No pueden contraer válidamente matrimonio entre sí quienes están unidos por parentesco legal proveniente de la adopción, en línea recta o en segundo grado de línea colateral.

*Del consentimiento matrimonial*

**1095**

Son incapaces de contraer matrimonio:
1º  quienes carecen de suficiente uso de razón.
2º  quienes tienen un grave defecto de discreción de juicio acerca de los derechos y deberes esenciales del matrimonio que mutuamente se han de dar y aceptar.
3º  quienes no pueden asumir las obligaciones esenciales del matrimonio por causas de naturaleza psíquica.

**1096**

§1. Para que pueda haber consentimiento matrimonial, es necesario que los contrayentes no ignoren al menos que el matrimonio es un consorcio permanente entre un varón y una mujer, ordenado a la procreación de la prole mediante una cierta cooperación sexual.
§2. Esta ignorancia no se presume después de la pubertad.

**1097**

§1. El error acerca de la persona hace inválido el matrimonio.
§2. El error acerca de una cualidad de la persona, aunque sea causa del contrato, no dirime el matrimonio a no ser que se pretenda esta cualidad directa y principalmente.

**1098**

Quien contrae el matrimonio engañado por dolo provocado para obtener su consentimiento acerca de una cualidad del otro contrayente, que por su naturaleza puede perturbar gravemente el consorcio de vida conyugal, contrae inválidamente.

**1099**

El error acerca de la unidad, de la indisolubilidad o de la dignidad sacramental del matrimonio, con tal que no determine a la voluntad, no vicia el consentimiento matrimonial.

**1100**

La certeza o la opinión acerca de la nulidad del matrimonio no excluye necesariamente el consentimiento
matrimonial.

**1101**

§1. El consentimiento interno de la voluntad se presume
que está conforme con las palabras o signos emplea-
dos al celebrar el matrimonio.

§2. Pero si uno de los contrayentes, o ambos, excluye con
un acto positivo de la voluntad el matrimonio mismo
o un elemento esencial del matrimonio o una propiedad esencial, contrae inválidamente.

**1102**

§1. No puede contraerse válidamente matrimonio bajo
condición de futuro.

§2. El matrimonio es válido o no, según que se verifique
o no aquello que es objeto de la condición.

§3. Sin embargo, la condición que trata el §2 no puede
ponerse lícitamente sin licencia escrita del Ordinario del lugar.

**1103**

Es inválido el matrimonio contraído por violencia o por
miedo grave proveniente de una causa externa, incluso
el no inferido de propio intento, para librarse del cual alguien se vea obligado a elegir el matrimonio.

**1104**

§1. Para contraer válidamente matrimonio es necesario que
ambos contrayentes se hallen presentes en un mismo
lugar, o en persona o por medio de un procurador.

§2. Expresen los esposos con palabras el consentimiento matrimonial; o, si no pueden hablar, con signos
equivalentes.

**1105**

§1. Para contraer válidamente matrimonio por procurador, se requiere:

1º que se haya dado mandato especial para contraer con una persona determinada;

2º que el procurador haya sido designado por el mandante y desempeñe personalmente esa función.

§2. Para la validez del mandato se requiere que esté firmado por el mandante y, además, por el párroco o el Ordinario del lugar donde se da el mandato, o por un sacerdote delegado por uno de ellos, o al menos por dos testigos, o que se haga mediante documento auténtico a tenor del derecho civil.

§3. Si el mandante no puede escribir, se ha de hacer constar esta circunstancia en el mandato, y se añadirá otro testigo, que debe firmar también el escrito; en caso contrario, el mandato es nulo.

§4. Si el mandante, antes de que el procurador haya contraído en su nombre, revoca el mandato o cae en amencia, el matrimonio es inválido, aunque el procurador o el otro contrayente lo ignoren.

## 1106

El matrimonio puede contraerse mediante intérprete, pero el párroco no debe asistir si no le consta la fidelidad del intérprete.

## 1107

Aunque el matrimonio se hubiera contraído inválidamente por razón de un impedimento o defecto de forma, se presume que el consentimiento prestado persevera, mientras no conste su revocación.

*De la forma de celebrar el matrimonio*

## 1108

§1. Sólo el sacerdote asiste válidamente al matrimonio de dos contrayentes orientales, o de una parte latina y una parte oriental católica o no católica. Solamente son válidos aquellos matrimonios que se contraen ante el Ordinario del lugar o el párroco, o un sacerdote o diácono delegado por uno de ellos para que asistan, y ante dos testigos, de acuerdo con las reglas establecidas en los cánones que siguen, y quedando a salvo las excepciones de que se trata en los cc. 144, 1112 §1, 1116 y 1127 §§2 y 3.

§2. Se entiende que asiste al matrimonio sólo aquel que, estando presente, pide la manifestación del consentimiento de los contrayentes y la recibe en nombre de la Iglesia.

**1109**

El Ordinario del lugar y el párroco, a no ser que por sentencia o por decreto estuvieran excomulgados, o en entredicho, o suspendidos del oficio, o declarados tales, en virtud del oficio asisten válidamente en su propio territorio a los matrimonios no sólo de los súbditos, sino también a los que no son súbditos, con tal de que al menos uno de ellos esté adscrito a la Iglesia latina.

**1110**

El Ordinario y el párroco personales, en razón de su oficio, sólo asisten válidamente al matrimonio de aquellos de los que uno al menos es súbdito suyo, dentro de los límites de su jurisdicción.

**1111**

§1. El Ordinario del lugar y el párroco, mientras desempeñan válidamente su oficio, pueden delegar a sacerdotes y a diáconos la facultad, incluso general, de asistir a los matrimonios dentro de los límites de su territorio, quedando firme lo dispuesto por el c. 1108 § 3.

§2. Para que sea válida la delegación de la facultad de asistir a los matrimonios, debe otorgarse expresamente a personas determinadas; si se trata de una delegación especial, ha de darse para un matrimonio concreto; pero, si se trata de una delegación general, debe concederse por escrito.

**1112**

§1. Donde no haya sacerdotes ni diáconos, el Obispo diocesano, previo voto favorable de la Conferencia Episcopal y obtenida licencia de la Santa Sede, puede delegar a laicos para que asistan a los matrimonios, quedando firme lo dispuesto por el c. 1108 § 3

§2. Se debe elegir un laico idóneo, capaz de instruir a los contrayentes y apto para celebrar debidamente la liturgia matrimonial.

**1113**

Antes de conceder una delegación especial se ha de cumplir todo lo establecido por el derecho para comprobar el estado de libertad.

**1114**

Quien asiste al matrimonio actúa ilícitamente si no le consta el estado de libertad de los contrayentes a tenor del derecho y si, cada vez que asiste en virtud de una delegación general, no pide licencia al párroco, cuando es posible.

**1115**

Se han de celebrar los matrimonios en la parroquia donde uno de los contrayentes tiene su domicilio o cuasidomicilio o ha residido durante un mes o, si se trata de vagos, en la parroquia donde residen en ese momento; con licencia del Ordinario propio o del párroco se puede celebrar en otro lugar.

**1116**

§1. Si no hay alguien que sea competente conforme al derecho de asistir al matrimonio, o no se puede acudir a él sin grave dificultad, quienes pretenden contraer verdadero matrimonio pueden hacerlo válida y lícitamente estando presentes sólo los testigos:

1º  en peligro de muerte;

2º fuera de peligro de muerte, con tal de que se prevea prudentemente que esta situación va a prolongarse durante un mes.

§2. En ambos casos, si hay otro sacerdote o diácono que pueda estar presente, ha de ser llamado y debe asistir al matrimonio juntamente con los testigos, sin perjuicio de la validez del matrimonio sólo ante testigos.

§3. Además de lo dispuesto el § 1, nn. 1 y 2, el Ordinario del lugar puede conferir a cualquier sacerdote católico la facultad de bendecir el matrimonio de fieles cristianos de las Iglesias Orientales que no están en plena comunión con la Iglesia católica si espontáneamente lo piden y con tal que nada obste a la válida y lícita celebración del matrimonio. El mismo sacerdote, sin embargo con la necesaria prudencia, informe del asunto a la autoridad competente de la Iglesia no católica interesada.

**1117**

La forma arriba establecida se ha de observar si al menos uno de los contrayentes fue bautizado en la Iglesia católica o recibido en ella, sin perjuicio de lo establecido en el c. 1127, §2.

**1118**

§1. El matrimonio entre católicos o entre una parte católica y otra parte bautizada no católica se debe celebrar en una iglesia parroquial; con licencia del Ordinario del lugar o del párroco puede celebrarse en otra iglesia u oratorio.

§2. El Ordinario del lugar puede permitir la celebración del matrimonio en otro lugar conveniente.

§3. El matrimonio entre una parte católica y otra no bautizada podrá celebrarse en una iglesia o en otro lugar conveniente.

**1119**

Fuera del caso de necesidad, en la celebración del matrimonio se deben observar los ritos prescritos en los libros litúrgicos aprobados por la Iglesia o introducidos por costumbres legítimas.

**1120**

Con el reconocimiento de la Santa Sede, la Conferencia Episcopal puede elaborar un rito propio del matrimonio congruente con los usos de los lugares y de los pueblos adaptados al espíritu cristiano, quedando sin embargo en pie la ley según la cual quien asiste al matrimonio, estando personalmente presente, debe pedir y recibir la manifestación del consentimiento de los contrayentes.

**1121**

§1. Después de celebrarse el matrimonio, el párroco del lugar donde se celebró o quien hace sus veces, aunque ninguno de ellos hubiera asistido al matrimonio, debe anotar cuanto antes en el registro matrimonial los nombres de los cónyuges, del asistente y de los testigos, y el lugar y el día de la celebración, según el modo prescrito por la Conferencia Episcopal o por el obispo diocesano.

§2. Cuando se contrae el matrimonio según lo previsto en el c. 1116, el sacerdote o diácono, si estuvo presente en la celebración, o en caso contrario los testigos, están obligados solidariamente con los contrayentes a comunicar cuanto antes al párroco o al Ordinario del lugar que se ha celebrado el matrimonio.

§3. Por lo que se refiere al matrimonio contraído con dispensa de la forma canónica, el Ordinario del lugar que concedió la dispensa debe cuidar de que se anote la dispensa y la celebración en el registro de matrimonios, tanto de la curia como de la parroquia propia de la parte católica, cuyo párroco realizó las investigaciones acerca del estado de libertad; el cónyuge católico está obligado a notificar cuanto antes al mismo Ordinario y al párroco que se ha celebrado el matrimonio, haciendo constar también el lugar donde se ha contraído y la forma pública que se ha observado.

**1122**

§1. El matrimonio ha de anotarse también en los registros de bautismos en los que está inscrito el bautismo de los cónyuges.

§2. Si un cónyuge no ha contraído matrimonio en la parroquia en la que fue bautizado, el párroco del lugar en el que se celebró debe enviar cuanto antes notificación del matrimonio contraído al párroco del lugar donde se administró el bautismo.

**1123**

Cuando se convalida un matrimonio para el fuero externo, o es declarado nulo, o se disuelve legítimamente por una causa distinta de la muerte, debe comunicarse esta circunstancia al párroco del lugar donde se celebró el matrimonio, para que se haga como está mandado la anotación en los registros de matrimonio y de bautismo.

*De los matrimonios mixtos*

**1124**

Está prohibido, sin licencia expresa de la autoridad competente, el matrimonio entre dos personas bautizadas, una de las cuales haya sido bautizada en la Iglesia católica o recibida en ella después del bautismo, y otra adscrita a una Iglesia o comunidad eclesial que no se halle en comunión plena con la Iglesia católica.

**1125**

Si hay una causa justa y razonable, el Ordinario del lugar puede conceder esta licencia; pero no debe otorgarla si no se cumplen las condiciones que siguen:

1º que la parte católica declare que está dispuesta a evitar cualquier peligro de apartarse de la fe, y prometa sinceramente que hará cuanto le sea posible para que toda la prole se bautice y se eduque en la Iglesia católica;

2º que se informe en su momento al otro contrayente sobre las promesas que debe hacer la parte católica, de la promesa y de la obligación de la parte católica;

3º que ambas partes sean instruidas sobre los fines y propiedades esenciales del matrimonio, que no pueden ser excluidos por ninguno de los dos.

**1126**

Corresponde a la Conferencia Episcopal determinar tanto el modo según el cual han de hacerse estas declaraciones y promesas, que son siempre necesarias, como la manera de que quede constancia de las mismas en el fuero externo y de que se informe a la parte no católica.

**1127**

§1. En cuanto a la forma que debe emplearse en el matrimonio mixto, se han de observar las prescripciones del c. 1108; pero si contrae matrimonio una parte católica con otra no católica de rito oriental, la forma canónica se requiere únicamente para la licitud; pero se requiere para la validez la intervención de un sacerdote, observadas las demás prescripciones del derecho.

§2. Si dificultades graves impiden que se observe la forma canónica, el Ordinario del lugar de la parte católica tiene derecho a dispensar de ella, pero consultando en cada caso al Ordinario del lugar en que se celebra el matrimonio y permaneciendo para la validez la exigencia de alguna forma pública de celebración; compete a la Conferencia Episcopal establecer normas para que dicha dispensa se concede con unidad de criterio.

§3. Se prohíbe que, antes o después de la celebración canónica a tenor del §1, haya otra celebración religiosa del mismo matrimonio para prestar o renovar el consentimiento matrimonial; asimismo, no debe hacerse una ceremonia religiosa en la cual, juntos el asistente católico y el ministro no católico y realizando cada uno de ellos su propio rito, pidan el consentimiento de los contrayentes.

**1128**

Los Ordinarios de lugar y los demás pastores de almas deben cuidar de que no falte al cónyuge católico, y a los hijos nacidos de matrimonio mixto, la asistencia espiritual para cumplir sus obligaciones, y han de ayudar a los cónyuges a fomentar la unidad de su vida conyugal y familiar.

**1129**

Las prescripciones de los cc. 1127 y 1128 se aplican también a los matrimonios para los que obsta el impedimento de disparidad de cultos, del que trata el c. 1086, §1.

*De la celebración del matrimonio en secreto*

**1130**

Por causa grave y urgente, el Ordinario del lugar puede permitir que el matrimonio se celebre en secreto.

**1131**

El permiso para celebrar el matrimonio en secreto lleva consigo:

1º  que se lleven a cabo en secreto las investigaciones que han de hacerse antes del matrimonio;

2º  que el matrimonio así celebrado se guarde bajo secreto por el Ordinario del lugar, el asistente, los testigos y los cónyuges.

**1132**

Cesa para el Ordinario del lugar la obligación de guardar secreto, de la que se trata en el c. 1131, n. 2, si por la observancia del secreto hay peligro de escándalo grave o de grave injuria a la santidad del matrimonio, y así debe advertirlo a las partes antes de la celebración del matrimonio.

**1133**

El matrimonio celebrado en secreto se anotará sólo en un registro especial, que se ha de guardar en el archivo secreto de la curia.

*De los efectos del matrimonio*

**1134**

Del matrimonio válido se origina entre los cónyuges un vínculo perpetuo y exclusivo por su misma naturaleza; además, en el matrimonio cristiano los cónyuges son fortalecidos y quedan como consagrados por un sacramento peculiar para los deberes y la dignidad de su estado.

**1135**

Ambos cónyuges tienen igual obligación y derecho respecto a todo aquello que pertenece al consorcio de la vida conyugal.

**1136**

Los padres tienen la obligación gravísima y el derecho primario de cuidar en la medida de sus fuerzas de la educación de la prole, tanto física, social y cultural como moral y religiosa.

**1137**

Son legítimos los hijos concebidos o nacidos de matrimonio válido o putativo.

**1138**

§1. El matrimonio muestra quién es el padre, a no ser que se pruebe lo contrario con razones evidentes.

§2. Se presumen legítimos los hijos nacidos al menos 180 días después de celebrarse el matrimonio, o dentro de 300 días a partir de la disolución de la vida conyugal.

**1139**

Los hijos ilegítimos se legitiman por el matrimonio subsiguiente de los padres, tanto válido como putativo, o por rescripto de la Santa Sede.

**1140**

Por lo que se refiere a los efectos canónicos, los hijos legitimados se equiparan en todo a los legítimos, a no ser que en el derecho se disponga expresamente otra cosa.

*De la separación de los cónyuges*

Art I. *De la disolución del vínculo*

**1141**

El matrimonio rato y consumado no puede ser disuelto por ningún poder humano ni por ninguna causa fuera de la muerte.

**1142**

El matrimonio no consumado entre bautizados, o entre parte bautizada y parte no bautizada, puede ser disuelto con causa justa por el Romano Pontífice, a petición de ambas partes o de una de ellas, aunque la otra se oponga.

**1143**

§1. El matrimonio contraído por dos personas no bautizadas se disuelve por el privilegio paulino en favor de la fe de la parte que ha recibido el bautismo, por el mismo hecho de que ésta contraiga un nuevo matrimonio, con tal de que la parte no bautizada se separe.

§2. Se considera que la parte no bautizada se separa, si no quiere cohabitar con la parte bautizada o cohabitar pacíficamente sin ofensa al Creador, a no ser que ésta, después de recibir el bautismo, le hubiera dado un motivo justo para separarse.

**1144**

§1. Para que la parte bautizada contraiga válidamente un nuevo matrimonio se debe siempre interpelar a la parte no bautizada:

1º  si quiere también ella recibir el bautismo;

2º  si quiere al menos cohabitar pacíficamente con la parte bautizada, sin ofensa del Creador.

§2. Esta interpelación debe hacerse después del bautismo, sin embargo, con causa grave, el Ordinario del lugar puede permitir que se haga antes, e incluso dispensar de ella, tanto antes como después del bautismo, con tal de que conste, al menos por un procedimiento sumatorio y extrajudicial, que no pudo hacerse o que hubiera sido inútil.

**1145**

§1. La interpelación se hará normalmente por la autoridad del Ordinario del lugar de la parte convertida; este Ordinario ha de conceder al otro cónyuge, si lo pide, un plazo para responder, advirtiéndole, sin embargo, de que, pasado inútilmente ese plazo, su silencio se entenderá como respuesta negativa.

§2. Si la forma arriba indicada no puede observarse, es válida y también lícita la interpelación hecha, incluso de modo privado, por la parte convertida.

§3. En los dos casos anteriores, debe constar legítimamente en el fuero externo que se ha hecho la interpelación y cuál ha sido su resultado.

**1146**

La parte bautizada tiene derecho a contraer nuevo matrimonio con otra persona católica:

1º  si la otra parte responde negativamente a la interpelación, o si legítimamente no se hizo ésta;

2º  si la parte no bautizada, interpelada o no, habiendo continuado la cohabitación pacífica sin ofensa al Creador, se separa después sin causa justa, quedando en pie lo que prescriben los cc. 1144 y 1145.

**1147**

Sin embargo, por causa grave, el Ordinario del lugar puede conceder que la parte bautizada, usando el privilegio paulino, contraiga matrimonio con parte no católica, bautizada o no, observando también las prescripciones de los cánones sobre los matrimonios mixtos.

**1148**

§1. Al recibir el bautismo en la Iglesia católica un no bautizado que tenga simultáneamente varias mujeres tampoco bautizadas, si le resulta duro permanecer con la primera de ellas, puede quedarse con una de las otras, apartando de sí a las demás. Los mismo vale para la mujer no bautizada que tenga simultáneamente varios maridos no bautizados.

§2. En los casos que trata el §1, el matrimonio se ha de contraer según la forma legítima, una vez recibido el bautismo, observando también, si es del caso, las prescripciones sobre los matrimonios mixtos y las demás disposiciones del derecho.

§3. Teniendo en cuenta la condición moral, social y económica de los lugares y de las personas, el Ordinario del lugar ha de cuidar de que, según las normas de la justicia, de la caridad cristiana y de la equidad natural, se provea suficientemente a las necesidades de la primera mujer y de las demás que hayan sido apartadas.

**1149**

El no bautizado a quien, una vez recibido el bautismo en la Iglesia católica, no le es posible restablecer la cohabitación con el otro cónyuge no bautizado por razón de cautividad o de persecución, puede contraer nuevo matrimonio, aunque la otra parte hubiera recibido entre tanto el bautismo, quedando en vigor lo que prescribe el c. 1141.

**1150**

En caso de duda, el privilegio de la fe goza del favor del derecho.

Art. II. *De la separación permaneciendo el vínculo*

**1151**

Los cónyuges tienen el deber y el derecho de mantener la convivencia conyugal a no ser que se les excuse una causa legítima.

**1152**

§1. Aunque se recomienda encarecidamente que el cónyuge, movido por la caridad cristiana y teniendo presente el bien de la familia, no niegue el perdón a la comparte adúltera ni interrumpa la vida matrimonial, si a pesar de todo no perdonase expresa o tácitamente esa culpa, tiene derecho a romper la convivencia conyugal, a no ser que hubiera consentido en el adulterio, o hubiera sido causa del mismo, o él también hubiera cometido adulterio.

§2. Hay condonación tácita si el cónyuge inocente, después de haberse cerciorado del adulterio, prosigue espontáneamente el trato marital con el otro cónyuge; la condonación se presume si durante seis meses continúa la convivencia conyugal, sin haber recurrido a la autoridad eclesiástica o civil.

§3. Si el cónyuge inocente interrumpe por su propia voluntad la convivencia conyugal, debe proponer en el plazo de seis meses causa de separación ante la autoridad eclesiástica competente, la cual, ponderando todas las circunstancias, ha de considerar si es posible mover al cónyuge inocente a que perdone la culpa y no se separe para siempre.

**1153**

§1. Si uno de los cónyuges pone en grave peligro espiritual o corporal al otro o a la prole, o de otro modo hace demasiado dura la vida en común, proporciona al otro un motivo legítimo para separarse, con autorización del Ordinario del lugar y, si la demora implica un peligro, también por autoridad propia.

§2. Al cesar la causa de la separación, se ha de restablecer siempre la convivencia conyugal, a no ser que la autoridad eclesiástica determine otra cosa.

**1154**

Realizada la separación de los cónyuges, hay que proveer siempre de modo oportuno a la debida sustentación y educación de los hijos.

**1155**

El cónyuge inocente puede admitir de nuevo al otro a la vida conyugal, y es de alabar que así lo haga; y, en ese caso, renuncia al derecho de separarse.

*De la convalidación del matrimonio*

Art. I. *De la convalidación simple*

**1156**

§1. Para convalidar el matrimonio que es nulo por causa de un impedimento dirimente, es necesario que cese el impedimento o se obtenga dispensa del mismo, y que renueve el consentimiento por lo menos el cónyuge que conocía la existencia del impedimento.

§2. Esta renovación se requiere por derecho eclesiástico para la validez de la convalidación, aunque ya desde el primer momento ambos contrayentes hubieran dado su consentimiento y no lo hubiesen revocado posteriormente.

**1157**

La renovación del consentimiento debe ser un nuevo acto de voluntad sobre el matrimonio por parte de quien sabe u opina que fue nulo desde el comienzo.

**1158**

§1. Si el impedimento es público, ambos contrayentes han de renovar el consentimiento en la forma canónica, quedando a salvo lo que prescribe el c. 1127, §3.

§2. Si el impedimento no puede probarse, basta que el consentimiento se renueve privadamente y en secreto por el contrayente que conoce la existencia del impedimento con tal de que el otro persevere en el consentimiento que dio; o por ambos contrayentes, si los dos conocen la existencia del impedimento.

**1159**

§1. El matrimonio nulo por defecto de consentimiento se convalida si consiente quien antes no había consentido, con tal de que persevere el consentimiento dado por el otro contrayente.

§2. Si no puede probarse el defecto de consentimiento, basta que privadamente y en secreto preste su consentimiento quien no lo había dado.

§3. Si el defecto de consentimiento puede probarse, es necesario que el consentimiento se preste en forma canónica.

**1160**

Para que se haga válido un matrimonio nulo por defecto de forma, debe contraerse de nuevo en forma canónica, sin perjuicio de lo que prescribe el c. 1127, §3.

Art. II. *De la sanación en la raíz*

**1161**

§1. La sanación en la raíz de un matrimonio nulo es la convalidación del mismo, sin que haya de renovarse el consentimiento, concedida por la autoridad competente, y lleva consigo la dispensa del impedimento, si lo hay, y de la forma canónica, si no se observó, así como la retrotracción al pasado de los efectos canónicos.

§2. La convalidación tiene lugar desde el momento en el que se concede la gracia; y se entiende que la retrotracción alcanza hasta el momento en el que se celebró el matrimonio, a no ser que se diga expresamente otra cosa.

§3. Sólo debe concederse la sanación en la raíz cuando sea probable que las partes quieren perseverar en la vida conyugal.

**1162**

§1. Si falta el consentimiento en las dos partes o en una de ellas, el matrimonio no puede sanarse en la raíz, tanto si el consentimiento faltó desde el comienzo como si fue dado en el primer momento y luego fue revocado.

§2. Si faltó el consentimiento en el comienzo, pero fue dado posteriormente, puede concederse la sanación a partir del momento en el que se prestó el consentimiento.

**1163**

§1. Puede sanarse el matrimonio nulo por impedimento o por defecto de la forma legítima con tal de que persevere el consentimiento de ambas partes.

§2. El matrimonio nulo por un impedimento de derecho natural o divino positivo sólo puede sanarse una vez que haya cesado el impedimento.

**1164**

La sanación puede también concederse ignorándolo una de las partes o las dos; pero no debe otorgarse sin causa grave.

**1165**

§1. La sanación en la raíz puede ser concedida por la Sede Apostólica.

§2. Puede ser concedida por el obispo diocesano en cada caso, aun cuando concurran varios motivos de nulidad en un mismo matrimonio, cumpliéndose las condiciones establecidas en el c. 1125 para la sanación de los matrimonios mixtos; pero no puede otorgarla el obispo si existe un impedimento cuya dispensa se reserva a la Sede Apostólica conforme al c. 1078, §2, o se trata de un impedimento de derecho natural o divino positivo que ya haya cesado.

www.ingramcontent.com/pod-product-compliance
Lightning Source LLC
LaVergne TN
LVHW050641200726
843506LV00010B/1319